AF545755

Sebastian Sonntag

Mit 52 SONNTAGS-GEDANKEN *durch das Jahr*

INHALTSVERZEICHNIS

RÄTSEL

Als eine besondere Einstimmung auf die nächsten Sonntags-Gedanken hier eine amüsante Rätselaufgabe:

Verbinden Sie die neun Punkte mit maximal vier geraden Linien, ohne den Stift abzusetzen.

Wie die richtige Lösung dieser Rätselaufgabe ist und was sie mit den Themen und Inhalten der Sonntags-Gedanken zu tun hat, können Sie auf der letzen Seite des Buches erfahren. Viel Spaß beim Experimentieren!

VORWORT

Mit 52 Sonntags-Gedanken durch das Jahr

52 Sonntage hat ein Jahr. Für die meisten Menschen sind die Sonntage wie Oasen-Tage. Tage, die frei sind von Fremdbestimmung und Verpflichtungen. Und frei sind für Entspannendes, Freudvolles. Und auch frei für Innehalten, Nachdenken und Auftanken.

Dazu möchte ich mit diesen 52 Sonntags-Gedanken eine Anregung geben. Entstanden sind sie aus einem Auftrag für das Online-Magazin *Sonntagszeitung* der Mittelbayerischen Zeitung in Regensburg. Sonntag für Sonntag durfte ich gerade unter dem mehrdeutigen Titel *Sonntagsgedanken* (Gedanken vom und für den Sonntag) über einen Zeitraum von 5 Jahren hinweg, von 2016 bis 2021, genau 260 dieser Texte verfassen und veröffentlichen. Herzlicher Dank gilt an dieser Stelle meiner Tochter Angela Sonntag, die über all die Jahre professionell als verantwortliche Redakteurin der Sonntags-Zeitung alle Texte bearbeitet und durch ausgewählte Bilder verlebendigt hat.

Die Geschichten bilden einen großen Bogen über Themen zu Partnerschaft und Familie, sanfte Wegweiser zu wichtigen Lebensbereichen, amüsante Weisheitsgeschichten und Anekdoten bekannter Persönlichkeiten. Damit möchte ich unaufdringlich, manchmal humorvoll und tiefgründig anregen, sich ein paar Minuten Zeit zu schenken, über das eigene Leben und so manche Sehnsüchte und Träume nachzudenken und innezuhalten.

Sebastian Sonntag

1

GUTE VORSÄTZE FÜR DAS NEUE JAHR?

Mögliche Wegweiser in das neue Jahr

1

GUTE VORSÄTZE FÜR DAS NEUE JAHR?

Mögliche Wegweiser in das neue Jahr

Man könnte sich bei der Überlegung, ob man sich für das neue Jahr wieder einmal gute Vorsätze machen sollte, den Ausspruch des französischen Mathematikers und Philosophen Blaise Pascal zu Herzen nehmen: „Weißt Du, wie Du Gott zum Lachen bringen kannst? Erzähl ihm Deine Pläne!"
Na gut, verlacht möchte man nicht unbedingt werden, auch nicht von einem amüsierten Gott. Dann lässt man es eben besser sein und stolpert ohne jeglichen Plan und Orientierung in das neue Jahr.
Ich empfehle eine Alternative, bei der Gott vielleicht nicht lacht, eher etwas nachsichtig schmunzeln könnte. Vielleicht ist es besser und eventuell sogar etwas nachhaltiger, wenn man statt konkreten und klar formulierten Vorsätzen einfach Geschichten als offene und interpretierbare Wegweiser sich hernimmt. Dabei bleiben jedem Einzelnen ganz individuelle und auf die persönliche Eigenart anzupassende Schlussfolgerungen und Aufforderungen. Ich habe zwei Geschichten als mögliche Orientierungshilfen ausgewählt, die in diesen Sonntagsgedanken irgendwann schon einmal erzählt wurden. Aber sie bleiben zeitlos:

Der alte Mann vor der Stadt und der Hund im Tempel

Ein alter Mann saß vor den Toren einer Stadt. Alle Menschen, die in die Stadt gingen, kamen an ihm vorbei. Ein Fremder blieb stehen und fragte den alten Mann: „Du kannst mir sicher sagen, wie die Menschen in dieser Stadt sind?" Der Alte sah ihn freundlich an: „Wie waren sie dort, wo du zuletzt warst?" – „Freundlich, hilfsbereit und großzügig. Sehr angenehme Menschen", antwortete der Fremde. „Genau so sind sie auch in dieser Stadt!" Das freute den Fremden und mit einem Lächeln ging er durch das Stadttor.
Später kam ein anderer Fremder zum alten Mann. „Sag mir Alter, wie sind die Menschen in dieser Stadt?" Der Alte fragte auch ihn: „Wie waren sie dort, wo du zuletzt warst?" „Furchtbar! Unfreundlich und arrogant." Der alte Mann antwortete: „Ich fürchte, so sind sie auch in dieser Stadt!"
Und eine zweite Orientierungs-Geschichte: „Es war einmal vor vielen, vielen Jahren in Indien. Da stand mitten im Urwald ein Tempel aus purem Gold. Innen war er mit Tausenden von Spiegeln ausgeschmückt, so dass man sich dort tausendfach widerspiegeln konnte. Eines Tages kam ein Hund zu dem Tempel. Er freute sich über seine Entdeckung und glaubte, nun ein reicher Hund zu sein, als er das vie-

le Gold sah. Aber als er in den Tempel hineinging, sah er sich tausenden Hunden gegenüber. Er wurde furchtbar wütend, dass ihm die anderen Hunde zuvorgekommen waren, und fing an zu bellen. Doch die anderen Hunde bellten zurück, denn es waren ja seine Spiegelbilder. Er geriet darüber noch mehr in Zorn. Aber die Hunde, denen er gegenüberstand, wurden auch immer zorniger. Da geriet er in Angst und Panik und rannte entsetzt davon in der Überzeugung, dass die ganzeWelt voller bellender und zorniger Hunde sei. Viele, viele Jahre später kam wieder einmal ein Hund zum Tempel der tausend Spiegel. Auch er ging hinein und sah sich Tausenden von Hunden gegenüber. Dieser Hund aber freute sich, dass er in seiner Einsamkeit Gesellschaft gefunden hatte, und wedelte mit dem Schwanz. Da wedelten tausend Hunde zurück, und er freute sich, dass sich die anderen freuten, und die Freude wollte kein Ende finden. Von nun an ging er öfter zu dem Tempel, um sich zusammen mit den anderen Hunden zu freuen. Er lebte in der Überzeugung weiter, dass die ganze Welt voll freudig wedelnder Hunde sei."
Nun, braucht es dazu viele moralische Zeigefinger, die die eigentliche Aussage dieser Geschichten einem nun doch noch als konkrete Vorsätze und Wegweiser hinreiben könnten? Wenn wir mit solchen Geschichten etwas spüren von der Chance und der Möglichkeit, dass wir selber es sind, die am eigenen Schicksal und an unserem täglichen Leben mitwirken können, dann haben wir doch wertvolle Wegweiser. Sie sollen Mutmachen und Vertrauen fördern in unsere eigenen Möglichkeiten.
Wenn wir immer von anderen und von außen erwarten, dass uns geholfen wird und dass wir nur dadurch zu unserer eigenen Zufriedenheit und zum persönlichen Glück finden werden, dann leben wir in einer Abhängigkeit. In der Abhängigkeit, die darauf warten muss, dass andere etwas tun, sich verändern, etwas in Bewegung bringen. Auch wenn es sicher ein schönes Gefühl sein mag, dass andere für uns etwas tun, dass wir Fürsorge und Aufmerksamkeit von anderen erfahren. Das ist aber als Geschenk zu betrachten und nicht als selbstverständliche Erwartung und Forderung.

Offene Türen und den Mut, sie zu durchschreiten

Wenn nun schon jemand noch konkrete Anweisungen und Vorsätze für das neue Jahr haben möchte, dann empfehle ich ihm eine Aussage von Johann Wolfgang von Goethe: „Man sollte jeden Tag wenigstens ein Lied hören, ein Gemälde ansehen, ein Gedicht lesen und ein gutes Wort sprechen!"
Dann beginnen Sie das neue Jahr mal, so oder so. Ich wünsche Ihnen offene Türen und den Mut, sie zu durchschreiten oder zumindest mal einen Blick reinzuwerfen.

Wenn wir immer von anderen und von außen erwarten, dass uns geholfen wird und dass wir nur dadurch zu unserer eigenen Zufriedenheit und zum persönlichen Glück finden werden, dann leben wir in einer Abhängigkeit.

2

SANFTE WEGWEISER

Hilfreiche Helfer

2

SANFTE WEGWEISER

Hilfreiche Helfer

Wenn ich an all die fast schon inflationären guten Neujahrswünsche denke, die ich innerhalb weniger Stunden zum Jahreswechsel bekomme, dann würde ich am liebsten wieder einen wunderschönen Gedanken aus der Märchenwelt zum Wieder-Erwachen rufen. Dort beginnen viele Märchen mit dem Spruch: „Als das Wünschen noch geholfen hat." Wie viel Glück, Gesundheit, Erfolg und Zufriedenheit würden mich im neuen Jahr ganz zuverlässig und treu erwarten und begleiten, wenn dieser schöne Spruch wirkliche Gültigkeit und Garantie bedeuten würde?

Schaffen Sie ein inneres Bild, das Sie von Zeit zu Zeit hervorrufen

Aber so müssen wir uns eben etwas mühsamer und geduldiger selber die Voraussetzungen schaffen, dass die vielen guten Wünsche nicht im Leeren verpuffen und sich im Alltag verflüchtigen, sondern gute Chancen bekommen, lebendig und wirksam zu werden. Dazu sind oft Wegweiser hilfreiche Helfer. So mancher sucht sich für das kommende Jahr einen grundlegenden Sinnspruch, ein Motto, ein Dichterwort oder eine konkrete Zielbeschreibung, woran er sich im Lauf des Jahres immer wieder orientieren und aufrichten kann. Man könnte sich durchaus ein inneres Bild schaffen, auf dem wie auf einem Ortsschild der Spruch oder das Motto draufsteht, das zum Wegweiser durch das Jahr werden könnte. Warum nicht immer wieder in ruhigen Momenten die Augen schließen und sich dieses innere Bild vom Ortsschild oder Wegweiser vor das innere Auge bringen? Hilfreich und wegweisend können auch bestimmte Geschichten oder Metaphern sein. Wie etwa die folgende Geschichte: Ein reicher Mann schickt eines Tages seinen Sohn zu einem bekannten Weisen, damit er dort das Geheimnis des Glücks lerne. Vierzig Tage wandert der Junge und kommt schließlich an einen prächtigen Palast. In einem großen Saal redet der Weise mit sehr vielen Menschen. Herrliche Tafeln sind mit Köstlichkeiten gedeckt. Musiker spielen frohe Melodien. Nach mehreren Stunden kann der Junge dem Weisen seinen Wunsch vortragen. „Ich habe im Moment keine Zeit, dir das Geheimnis des Glücks zu erklären. Sieh dich im Palast um und komme in zwei Stunden wieder. Hier, nimm diesen Löffel mit zwei Tropfen Öl darauf. Während du dir alles ansiehst, halte den Löffel so, dass das Öl nicht herunterläuft!" Der Junge geht durch den riesigen Palast, ohne den Blick von dem Löffel abzuwenden, und nach zwei Stunden erscheint er wieder vor dem weisen Mann. „Nun, hast du all die kostbaren Teppiche, Möbel, Vasen und Vorhänge gesehen, dazu die wertvollen Bücher und Gemälde?" Beschämt muss der Junge zugeben, dass er nur auf den Löffel geschaut und nichts von all den schönen Dingen im Palast gesehen hat. „Dann geh noch einmal durch den Palast und schau dir alles gut an!“ Nun geht der Junge mit großer Aufmerksamkeit durch alle Räume und sieht, wie kunstvoll alles angeordnet und aufgestellt ist. Vor dem weisen Mann beschreibt er voller Bewunderung die vielen Schätze. „Aber wo sind die Öltropfen, die ich dir mitgegeben habe?“ Erschrocken stellt der Junge fest, dass er sie vor lauter Betrachten verschüttet hat. „Also das ist mein Rat an dich: Das Geheimnis des Glücks besteht darin, dass du alle Herrlichkeiten der Welt anschaust, ohne dass du darüber die dir anvertraute Gabe verlierst!“ Es könnte durchaus ein sinnvoller Wegweiser sein, den man als Essenz aus dieser Geschichte mitnehmen kann. Wie oft sind wir gefangen in festgefahrenenVorstellungen oder sogar Vorurteilen, die uns daran hindern, die Welt um uns herum mit offenen Augen und unvoreingenommen wahrzunehmen. Oder es mangelt uns am Selbstbewusstsein, dass wir uns zu sehr von den Dingen um uns herum beeindrucken lassen und unter dem Druck stehen, so zu werden und das zu leben, was wir bei anderen sehen und bewundern. Was in dieser Geschichte als Glück gesehen wird, ist eine so wunderbare Mischung aus Vertrauen in die ganz eigene Art und Lebensgeschichte und gleichzeitig die Offenheit für alles, was um mich herum geschieht und lebendig ist. Für viele Menschen ist es eine wahre Gratwanderung, zum eigenen Selbstbewusstsein zu stehen ohne die Angst, in Überheblichkeit und Arroganz abgleiten zu können. Und andererseits offen zu sein für alle Beispiele, Vorbilder und Anregungen aus ihrer Umwelt und ihren Mitmenschen, ohne ständig in einer skeptischen und unsicheren Selbstüberprüfung am eigenen Lebenskonzept zu zweifeln.

Bei glücklichen Menschen fehlt die verrückte Gier

Ein schöner Spruch könnte vielleicht für so manchen so ein Wegweiser sein für einen guten Weg zwischen diesen beiden Polen von Selbstgewissheit und Offenheit: „Das Glück des Menschen. Ich habe seine tiefsten Gründe gesucht. Und das habe ich herausgefunden: Der Grund liegt nicht im Geld, nicht im Besitz, nicht im Luxus, nicht im Nichtstun, nicht im Geschäfte machen, nicht im Leisten, nicht im Genießen. Bei glücklichen Menschen fand ich als Grund tiefe Geborgenheit, spontane Freude an den kleinen Dingen und eine große Einfachheit. Ich habe mich immer gewundert: bei glücklichen Menschen fehlt die verrückte Gier. Niemals fand ich bei glücklichen Menschen, dass sie ruhelos, gehetzt, getrieben waren. Niemals den Hang zur Selbstherrlichkeit. Gewöhnlich besaßen sie eine gehörige Portion Humor!“ In diesem Sinne wünsche ich einen guten Weg hinein in ein richtig humorvolles neues Jahr!

Für viele Menschen ist es eine wahre Gratwanderung, zum eigenen Selbstbewusstsein zu stehen ohne die Angst, in Überheblichkeit und Arroganz abgleiten zu können.

3

SEI ACHTSAM MIT URTEILEN

Anregung zur Vorsicht

3

SEI ACHTSAM MIT URTEILEN

Anregung zur Vorsicht

Die besten Geschichten sind oft die, bei denen man am Schluss etwas sichtlich betroffen, zuweilen auch beschämt, zumindest aber etwas nachdenklich einen Moment innehält. Abgesehen davon, dass Geschichten und Erzählungen fast immer nachhaltiger im Gedächtnis verhaftet bleiben als bloße Ratschläge, moralische Ermahnungen oder Lebensregeln. Gerade von Kindern wissen wir, dass lebendig und frei erzählte Geschichten eine ganz besondere Atmosphäre und Wirkung entfalten. Bei der folgenden Geschichte hoffe ich, dass es Ihnen ein wenig ähnlich gehen wird wie mir, als ich sie zum allerersten Mal gelesen hatte. Ich empfehle dazu, während des Lesens immer wieder kurz innezuhalten und nachzuspüren, welches Gefühl Sie gerade haben und mit wem und wie Sie sich mit einer der Personen vielleicht identifizieren.

Manchmal kann es für die Erkenntnis zu spät sein

Eines Nachts befand sich eine Frau am Flughafen. Sie musste mehrere Stunden auf ihren Flug warten. Während sie wartete, kaufte sie sich ein Buch und eine Packung Kekse, um sich die Zeit zu vertreiben. Sie schaute sich nach einem Platz zum Sitzen um und wartete. Sie war vertieft in ihr Buch, als sie plötzlich einen jungen Mann bemerkte, der neben ihr saß und ohne jegliche Zurückhaltung seine Hände ausstreckte und nach der Packung Kekse griff, welche zwischen ihnen lag. Er begann, einen Keks nach dem anderen zu essen. Da sie deshalb nicht viel Aufhebens machen wollte, entschied sie sich, ihn zu ignorieren. Die Frau, ein bisschen belästigt, aß die Kekse und beobachtete die Uhr, während der junge und schamlose Keks-Dieb dabei war, die Packung leer zu essen. Die Frau begann, sich an diesem Punkt zu ärgern, und dachte: „Wenn ich keine solch gute und erzogene Person wäre, hätte ich diesem kühnen Mann gleich ein blaues Auge verpasst!"
Jedes Mal, wenn sie einen Keks aß, nahm sich der Mann auch einen. Als nur noch ein Keks übrig war, fragte sie sich, was er wohl nun tun würde. Sanft und mit einem nervösen Lächeln nahm der Mann den letzten Keks und brach es entzwei. Er bot eine Hälfte der Frau an, während er die andere Hälfte selbst aß. Rasch nahm sie den Keks und dachte: „Was für ein unverschämter Mann! Wie unerzogen! Er hat mir nicht einmal gedankt!" Sie hatte noch nie jemanden so kühnen getroffen.

Erleichtert aufatmend hörte sie, wie ihr Flug angekündigt wurde. Sie griff ihre Tasche und ging ohne zurückzublicken, wo der unverschämte Dieb saß. Nach dem Einstieg in das Flugzeug und nachdem sie sich gesetzt hatte, suchte sie nach ihrem Buch,welches bald ausgelesen war. Während sie in ihre Tasche blickte, fand sie, völlig überrascht, ihre Packung Kekse fast unberührt. „Wenn meine Kekse hier sind“, dachte sie, sich schrecklich mies fühlend, „waren die anderen seine, und er hat versucht, sie mit mir zu teilen.“ Es war zu spät, um sich bei dem jungen Mann zu entschuldigen. Sie begriff schmerzhaft, dass sie diejenige war, die unverschämt, unerzogen und ein Dieb gewesen war und nicht er. *(Autor unbekannt, entnommen aus dem 2. Band: Sinnvolle Geschichten – 88 Weisheiten, Erzählungen und Zitate, die berühren und inspirieren.)*

Vielleicht ist es schon manchmal zu spät, dass wir uns wie diese Frau bei irgendjemandem entschuldigen oder rechtfertigen müssten oder wollten. Die Unfähigkeit, etwas nicht mehr wiedergutmachen zu können, ist sicher kein sehr angenehmes Gefühl. Es ist aber nie zu spät, um aus solchen Erfahrungen wirksame Lehren und ein bewusstes Nachdenken zu erzielen. Wie zum Beispiel eine gewisse Achtsamkeit und Vorsicht bei Urteilen über andere Menschen oder Situationen. Und das gerade in einer Welt, in der es in vielen Bereichen offenkundig mehr auf die Geschwindigkeit von Nachrichten und Kommentaren ankommt als auf die Bedächtigkeit und Verantwortung bezüglich des Wahrheitsgehaltes. Wie oft meinen wir, unserer Sache oder unseres Urteils sicher zu sein, um im Abstand zuweilen feststellen zu müssen, dass wir so vieles übersehen oder gar nicht gewürdigt hatten. Wer bleibt schon verschont vor fehlendem Vertrauen oder gar Misstrauen gegenüber einem Kollegen, einer Mitarbeiterin oder Geschäftspartnern, nur weil man von ihm oder ihr zu wenig weiß und das Wissensdefizit eher mit Skepsis ersetzt als mit Wohlwollen. Es geht nicht darum, alles leichtsinnig und kritiklos hinzunehmen und zu akzeptieren. Zwischen naiver und dümmlicher Blauäugigkeit und abgrundtiefem Misstrauen gibt es nicht nur Schwarz oder Weiß, sondern eine ganze Menge anderer Farben und differenzierter Abstufungen.

Vertrauen auf die Wahrheit und Vertrauen auf sich selbst

Der alte Seneca, römischer Philosoph des 1. Jahrhunderts, hat auch hier eine sinnvolle Empfehlung im Hinblick auf die Frage nach einem guten Vertrauen: „Zwei Dinge verleihen der Seele Kraft: Vertrauen auf die Wahrheit und Vertrauen auf sich selbst.“ Und – so möchte man hinzufügen – wer zu dieser Art Vertrauen Bedächtigkeit, Wohlwollen und Achtsamkeit hinzufügt, wird wohl kaum falsch liegen.

4

REDEN WIR VOM WETTER…

Höhere Bestimmungen

4

REDEN WIR VOM WETTER...

Höhere Bestimmungen

Es braucht gar nicht viel, um uns Menschen Grenzen aufzuzeigen. Es müssen nicht immer große Schicksalsschläge sein, Verlustsituationen und Lebenskrisen. Oft reichen schon kleine Einschränkungen, die unser alltägliches Leben ungemütlich, lästig oder gar beschwerlich machen. Kleine, aber behindernde Verletzungen, Zahn- oder Kopfschmerzen oder Rückenbeschwerden, Behinderungen durch Gipsverbände bei Handverletzungen oder Beinen. Schon kommt der gewohnte Tagesrhythmus ins Straucheln. Einfachste Tätigkeiten und Handlungen werden plötzlich zum unüberwindbaren Hindernis. Es reicht doch schon der Schmerz, aber dann auch noch der Ärger über das Erleben der Unbeholfenheit und Behinderung.

Und siehe da! Plötzlich kann auch so etwas Alltägliches und scheinbar Unbedeutendes wie das Wetter zu einem Grenzerlebnis führen. Die vergangenen Tage hat es der „Wettergott" uns wahrlich eindringlich gezeigt, wie schnell Gewohntes aus dem Ruder laufen kann. Mögen die einen mit klammheimlicher Freude das Geschenk erweiterter Ferien genießen ob der unerwarteten Schneemassen, so stöhnen die anderen unter den Lebenseinschränkungen durch fehlende und behinderte Verkehrsverbindungen und selbständiger Mobilität. Andere erleben sogar eine Art unfreiwilliger Klausur und stille Abgeschiedenheit. Was so mancher stressgeplagter Manager bei einigen selbstgewählten beschaulichen und meditativen Tagen im Kloster an Stille und Einkehr sucht, das wird den von der Welt abgeschnittenen Bewohnern einiger Ortschaften unfreiwillig verordnet. Wie sehr diese Betroffenen die temporäre Ruhigstellung schätzen und würdigen können, bleibt offen.

Nüchtern mit der Realität der Welt und seinem Dasein konfrontiert

Wir Menschen brauchen es immer wieder. Trotz aller technischen Raffinessen und kreativen Fähigkeiten, die dem homo sapiens seine herausragende Stellung unter der Kreatur verleihen, braucht er immer wieder die Erfahrung der Grenzen und Selbstbescheidung. Denn da wird er ganz nüchtern mit der Realität der Welt und seines Daseins konfrontiert. Und diese augenblicklichen Wetterkapriolen können und sollen uns nicht nur auf unsere Abhängigkeit und Begrenzung aufmerksam machen, sondern auch an unsere Verantwortung appellieren. Mögen auch so manchem die permanenten Kassandra-Rufe über die drohende Klimakatastrophe zum Hals heraushängen, die Anzeichen und Warnsignale sind unüberhörbar und unübersehbar. Eine ansonsten wertvolle Eigenschaft des Menschen verhindert leider zu sehr, dass wir ernsthafter und nachdenklicher diese alarmierenden Signale im wahrsten Sinne des Wortes „wahr"-nehmen. Es ist unsere Anpassungsfähigkeit und die Schwerkraft von Gewohnheiten, die wir nicht gerne ändern wollen. Es braucht offenkundig sehr viel, bis die Menschheit zum Umdenken und konkreten Handeln kommt.

Es ist nur die eine Seite, die uns die Erfahrungen mit dem Wetter zeigen, die Ernsthaftigkeit und Notwendigkeit zum Nachdenken. Glücklicherweise gibt es auch eine völlig andere Seite, und auch die hat ihr Recht. Da geht es um unsere Fähigkeit, mit Humor und Gelassenheit mit Dingen umzugehen, die wir halt nun einmal nicht ändern können. Man könnte es Galgenhumor nennen. Oder auch Lebenstüchtigkeit. Zahllos sind die Witze und Bonmots, die sich mit der Tatsache befassen, dass das Wetter sich von all unseren Wünschen und Sehnsüchten nicht beeindrucken, ja nicht einmal absolut zuverlässig vorhersagen lässt. So etwa die ironische Bemerkung: „Der Wetterbericht ist ein Bericht, der zuweilen vom Wetter berichtigt wird." Oder der süffisante Werbespruch: „Erfolglose Wahrsager können sich immer noch als Meteorologen bewerben!"

Ein Spruch, den ich nicht müde werde, ihn des Öfteren zu zitieren, weil er eine Haltung beschreibt, die nicht nur mit dem Wetter zu tun hat – er stammt angeblich vom unnachahmlichen Komiker Karl Valentin: „Ich freue mich, wenn es regnet. Denn wenn ich mich nicht freue, regnet es auch!" Mögen wir diese wunderbare Gelassenheit und den Gleichmut bewahren, der uns hilft, so manche scheinbar aussichtslose Situation zu überstehen.

Es ist genau so, wie ich es mag

Von Anthony de Mello, dem indischen Jesuitenpater und spirituellen Lehrer, haben wir zu dieser Haltung eine sehr schöne Geschichte überliefert bekommen. Sie macht so sanft und unaufdringlich uns deutlich, dass, was immer geschieht, es auch an uns liegt, darin Glück oder Unglück zu sehen: Ein Wanderer trifft einen Schäfer und fragt ihn: „Sie können mir sicher sagen, wie heute das Wetter wird?" Der Schäfer überzeugt: „Genau so, wie ich es gerne habe." Der Wanderer etwas verdutzt: „Woher wissen Sie, dass es genau so sein wird?" „Mein Freund, meine Erfahrung hat mir gezeigt, dass ich nicht immer das bekomme, was ich mir wünsche. Deshalb habe ich gelernt, stets das zu mögen, was ich bekomme. Und so bin ich mir sicher, das Wetter wird heute so sein, wie ich es mag." *(Aus Anthony de Mello: „Warum der Schäfer jedes Wetter liebt")*

> “
>
> *Trotz aller technischen Raffinessen und kreativen Fähigkeiten, die dem homo sapiens seine herausragende Stellung unter der Kreatur verleihen, braucht er immer wieder die Erfahrung der Grenzen und Selbstbescheidung.*

5

VERTRAUEN IN NAH UND FERN

Wie man die Liebe auf Abstand lebendig hält

5

VERTRAUEN IN NAH UND FERN

Wie man die Liebe auf Abstand lebendig hält

Auch Volkslieder kennen das Thema: Schmerzhafter Abschied und Trennung vom geliebten Menschen. „Muss i denn, muss i denn, zum Städele hinaus, und du mein Schatz bleibst hier!“ Dass der eine zu Hause bleibt und wehmütig dem anderen nachwinken muss, ist leider ein zeitloses Problem. Wo allerdings der fahrende Wandergeselle früher durch die Lande zog und erst nach vielen Wochen oder Monaten heimkam, ohne große Möglichkeit zum Kontakt mit dem Schatz zuhause, haben Getrennte heute doch ganz andere Chancen zur Verständigung. Es gibt tatsächlich wissenschaftliche Untersuchungen, inwiefern diese neuen vielfältigen Möglichkeiten der Kontaktpflege den erzwungenen Fernbeziehungen größere Chancen auf gelingende Partnerschaft gewähren. Bei allen Ergebnissen bleibt aber die Erkenntnis, dass ein längerer Abstand zwischen liebenden Menschen immer eine Herausforderung und Belastungsprobe für die Beziehung darstellt. Aber für viele Paare gibt es – zumindest für eine bestimmte Zeitspanne – oft keine Alternative.

Möglichkeiten, die Distanz zu überbrücken

Gerade in einer Zeit, in der berufliche Chancen meist eine hohe Mobilität verlangen, wird manchen Paaren eine schwere Entscheidung abverlangt. Soll man um einer besonders attraktiven Karrieremöglichkeit willen der Partnerschaft diese Belastungsprobe zumuten? Oder würde ein Partner, der diese Chance ausschlägt, nicht dann im Nachhinein mehr oder weniger verdeckte Vorwürfe und Unzufriedenheit mit sich herumtragen und damit die Beziehung belasten? Schon bei den jungen Menschen bringt die Wahl des Studienortes gleich zu Beginn einer Beziehung oft Trennung und Abstand. Wie geht man damit um, und gibt es hilfreiche Empfehlungen für diese bestimmte Phase der Partnerschaft? Sicher sind die technischen Möglichkeiten von heute mit Telefon, Handy, Whatsapp oder Skype eine große Hilfe, den Kontakt intensiver und häufiger zu pflegen und auch aus der Ferne etwas wie Nähe zu vermitteln. Manche Paare erleben sich sogar im Kontakt mit Abstand zuweilen entspannter als im direkten Zusammensein. Das sollte allerdings nicht zum Dauerzustand werden, sonst wäre ein gründlicheres Nachdenken über die Beziehung schon angebracht. Aber Tatsache ist, dass im Abstand und in einer zeitweisen Trennung durchaus auch Vorteile und Chancen für eine Beziehung bestehen können. Voraussetzung dafür ist aber das gegenseitige Vertrauen. Wenn beide Partner in der Lage sind, sich auch um ihr eigenes Glück und Wohl zu kümmern, etwa mit Freundinnen und Freunden die Zeit zu verbringen, eigene Interessen und Hobbies wahrzunehmen, dann kann durch die Trennung für jeden auch mehr Freiheit und Raum für Eigenes bestehen.

Das eigene Glück wird durch den anderen vollkommen

Dies gilt ja nicht nur für getrennte, sondern für alle Paare. Nur mit Vertrauen können Paare sich gegenseitig ihr Wohlbefinden gönnen, ohne Angst, für einen glücklichen und zufriedenen Partner würde man plötzlich nicht mehr so wichtig sein. Die Grundhaltung einer guten Beziehung ist nicht, dass ich ohne den anderen nicht glücklich sein kann, sondern, dass das eigene Glück durch den anderen erst so vollkommen wird. Zwar kann die Sehnsucht nach dem fernen Partner oft ein richtiger Schmerz und eine Wehmut sein, aber auf der anderen Seite hält er auch immer etwas von der Romantik und der Faszination der Anfänge lebendig. Aber die Gefahr gerade bei Partnern, die unter der Woche getrennt sind, besteht darin, dass man zu viel von dem erwartet, was man die ganze Woche über vermisst und ersehnt hat. Und es sollte doch alles so harmonisch verlaufen! Und dann ist die Enttäuschung umso größer. Eine schöne romantische Gepflogenheit bei Liebenden ist, man gibt dem Anderen etwas mit auf den Weg, ein Symbol, ein Briefchen oder eine Erinnerung, das immer wieder zur Hand genommen oder angeschaut werden kann und ein Stück Nähe des Partners vermittelt. Vielleicht kehren auch manche hin und wieder zur altmodischen und doch so romantischen Form eines geschriebenen Briefes zurück. Die ältere Generation weiß noch um dieses wunderbare Gefühl, wenn man voller Erwartung zum Briefkasten geht und findet dort einen Brief mit der geliebten und gewohnten Handschrift. Das ungeduldige Warten kann gegenüber so mancher SMS-Flut ein Mehr an Gefühl und Würde bringen. Es bleibt der Phantasie der Partner überlassen, wie kreativ und lebendig sie die Trennungszeit nutzen, um ihre Beziehung zu vertiefen und zu bestärken. Und Phantasie ist ein äußerst wertvoller Bestandteil einer Parnterschaft.

Wir verstehen uns blendend und kennen keinen Streit

Vielleicht hilft zu einer etwas gelasseneren Einstellung für diese nicht ganz einfachen Zeiten auch ein wenig Humor. So erzählt eine verheiratete Frau ihrer Freundin begeistert, wie gut ihre Beziehung mit ihrem Mann laufe. „Weißt du," strahlt sie ihre Freundin an, „wir beide verstehen uns ganz hervorragend und kennen keinen Streit. Die meiste Zeit ist er unterwegs und weg und wenn er da ist, dann gehen wir uns aus dem Weg!"

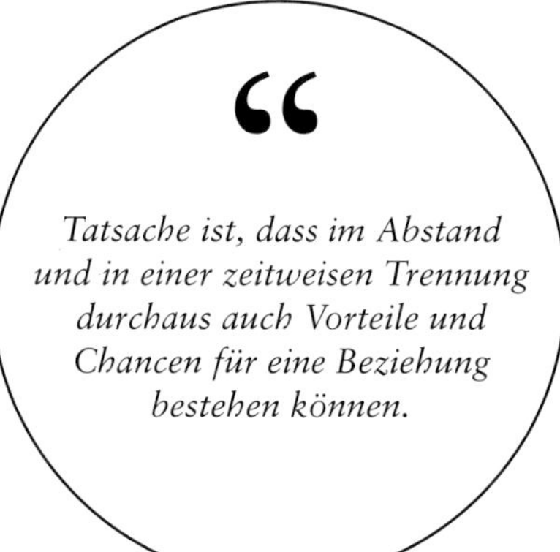

6

PARTNERWAHL – EINE INTELLIGENZ-SACHE?

Geheimnisvolle Kräfte

6

PARTNERWAHL – EINE INTELLIGENZ-SACHE?

Geheimnisvolle Kräfte

Drum prüfe, wer sich ewig bindet, ob sich das Herz zum Herzen findet, der Wahn ist kurz, die Reue lang!“ Eigentlich müsste die über 200-jährige Warnung von Friedrich Schiller in seinem Mammut-Gedicht „Die Glocke“ doch früh und unmissverständlich genug in die Welt hinausposaunt gewesen sein! Mit der Effektivität und Ernsthaftigkeit der Prüfung scheint es allerdings nicht allzu weit her zu sein, angesichts einer Scheidungsrate zwischen 30 – 50 Prozent aller Ehepaare in Deutschland.

„Liebe dich selbst – und es ist egal, wen du heiratest“

Schiller selbst kann von sich mit Fug und Recht behaupten, dass er sich an seine eigene Aufforderung tunlichst gehalten hat. Hätte er vielleicht noch etwas ausführlicher seine Prüfungskriterien und seine Erfolgsgarantien für eine ewige Partnerschaft ausführen sollen? An weiteren Versuchen für solche Prüfungskriterien mangelt es in der einschlägigen Literatur wahrlich nicht. Zahllose mehr oder weniger selbsternannte Beziehungsspezialisten haben sich im Laufe der Jahrzehnte darum bemüht. Man müsste nur mal in die gewissen Bücherregale von Buchhandlungen oder Bibliotheken schauen, um sofort die recht ordentliche Flut an Ratgebern und Hilfsangeboten zu erkennen. Es ist wie mit den unendlichen literarischen Wegweisern für Erziehung und Elternschaft. Wenn dies eine Garantie für einen problemlosen und absolut erfolgreichen elterlichen Umgang mit Kindern wäre, dann würden alle Beratungsstellen für Kinder und Jugendliche in Deutschland schon längst aus Mangel an Beschäftigung geschlossen haben.

Auch die meist etwas ironisch umformulierte Zitierung des Schiller-Wortes, „Drum prüfe ewig, wer sich bindet…“, scheint keine wirkliche Hilfestellung zu sein. Bei solchen Zauderern und unentschlossenen Heiratskandidaten fällt mir immer wieder dieses amüsante und auch sehr wertvolle Bonmot aus einer Paarberatung eines bekannten Therapeuten ein. Der fragte eine Frau, warum sie sich so schwer entschließen konnte ihren Partner zu heiraten, den sie nun schon so viele Jahre kannte. Sie antwortete: „Weil ich nicht weiß, ob er der Richtige ist!“ Darauf der Therapeut: „Du brauchst auch nicht den Richtigen, es genügt ein Guter!“ Ob dieser Tipp nun der guten Frau weiter half, weiß ich nicht. Denn wer schon einmal am Zweifeln und Zaudern ist, für den kann die nächste Hürde die Frage sein: „Was und wann ist denn einer ein Guter?“ So bleiben wir alle vor einer

Ungewissheit stehen. Wie können wir eine Entscheidung treffen, für die wir so viele unbekannte Variablen haben und für die wir gerne viel mehr Fähigkeiten hätten, in die Zukunft schauen zu können.
Aus so vielen Jahren Begleitung von Paaren, aber auch ganz schlicht aus meinen alltäglichen Erfahrungen mit Menschen kann ich immer nur wieder eines konstatieren: Unser Kopf, unsere Intellektualität scheint in Fragen Liebe und Partnerschaft zumindest am Anfang einer Beziehung nicht gerade die bedeutendste Rolle zu spielen. Was die meisten unter „Liebe“ verstehen, scheint oft einer genaueren Übersetzung und Deutung zu bedürfen. Von Leidenschaft, sexueller Anziehungskraft, Sinnsuche und Sehnsucht bis zur unerfüllten Bedürftigkeit aus Kindheitstagen scheint sich alles unter diesem „Dach der Liebe“ zu versammeln. Man möchte den Liebespaaren am liebsten dieses schlichte Wort aus dem Alten Testament sagen: „Alles hat seine Zeit!“ Schenkt euch Zeit, all die verschiedenen Bedürfnisse, Sehnsüchte und Wünsche für euer Leben kommen, sich verändern und gehen zu lassen. Genießt den Rausch, die unglaubliche Sehnsuchtserfüllung des Augenblickes, das Einssein und die Vertrautheit. Fallt aber nicht gleich aus allen Wolken, wenn manches nicht so dauerhaft ist, ein Stück Fremdheit und Unsicherheit einbricht, durch die Erfahrung des Andersseins des Partners.

Leidenschaft, Teamfähigkeit und seelisch-geistige Verbundenheit

Die stärkste Anziehung zum anderen erfolgt auf tieferen Ebenen, in der unbewussten Ahnung von Möglichkeiten und Chancen, die durch einen bisher fremden Menschen in mein Leben einbrechen und es vervollständigen könnten. Man kann aber schon so manches aus der Vernunft beisteuern, um mehr Grundlagen für Entscheidungen zu einer Partnerschaft auf Dauer zu bekommen. Ein bekannter Paartherapeut benennt drei Säulen, auf denen eine stabile und zuverlässige Beziehung ruhen kann: Die Leidenschaft, die Teamfähigkeit und die seelisch-geistige Verbundenheit. Nicht immer sind alle drei Säulen gleich stark und wirkungsvoll.

Aber auch das ist Kennzeichen einer starken Beziehung. Man gesteht sich Wandel und Veränderungen zu, ohne Angst und Vorwürfe. Beziehung, wie ich sie verstehe, ist – um es in einem Bild zu zeigen: nicht eine Quelle, die einmal entsprungen, durch die Schwerkraft nun ohne Zutun immer weiter bis zum Meer fließt, sondern eher wie ein Springbrunnen, der immer wieder neue Energie braucht, um lebendig zu sein. Aber, er ruht in den Zwischenpausen in seinem beständigen Becken. Und darauf darf man vertrauen.

“

Unser Kopf, unsere Intellektualität scheint in Fragen Liebe und Partnerschaft zumindest am Anfang einer Beziehung nicht gerade die bedeutendste Rolle zu spielen.

7

ICH WOLLT, ICH WÄR EIN HUHN

Sehnsucht nach Verwandlungen

7

ICH WOLLT, ICH WÄR EIN HUHN

Sehnsucht nach Verwandlungen

Zum Ausklang des diesjährigen Faschings vielleicht ein absolut zuverlässiger Dauer-Ohrwurm gefällig? Dann schauen Sie doch mal, ob im alten Plattenarchiv noch zu finden ist, was die unvergessenen Comedian Harmonists mit ihrem ebenso unvergessenen Song „Ich wollt, ich wär ein Huhn…" in der Musikwelt hinterlassen haben. Zur Not tut es auch ein Blick in die Untiefen der Youtube-Regale, in denen mit Sicherheit dieses Lied zu finden ist. Und vielleicht werden Sie heute nicht mehr so schnell wieder von der Melodie und den Zeilen loskommen: „…ich hätt' nicht viel zu tun, ich legte vormittags ein Ei und abends wär ich frei." An diesen verführerisch sehnsuchtsvollen Text muss ich denken, wenn ich all die zahllosen Zeitungsbilder sehe, die von den Faschingsbällen landauf, landab erzählen. Was da alles an kreativer, grellbunter und humoriger Verkleidung an mehr oder weniger selbst gestalteten Phantasie-Kostümen zu sehen ist! Auch Hühner-Kostüme sind darunter.

Endlich mal das Alltagskleid ablegen und in eine andere Rolle schlüpfen

Es macht Spaß, sich ein wenig genauer anzuschauen, in welche Rollen und Verwandlungen sich die verschiedenen Personen wagen. So ganz abzutrennen von manch heimlichen Sehnsüchten und Wunschträumen ist die Wahl der Verkleidungen sicher oft nicht. Und das ist ja auch ein wertvoller Anteil an der ungebrochenen Freude über diese närrische Zeit. Endlich darf man einmal das Alltagskleid ablegen und hineinschlüpfen in ein Gefühl, wenigstens für kurze Zeit eine ganz Andere oder Anderer zu sein. Wie unbefangen geben nicht schon die ganz Kleinen ihre Wunschverkleidung an, wenn sie wenigstens nicht von Mama oder Papa schon zu irgendetwas hin-motiviert worden sind. So manches putzige Prinzessinnen-Gewand oder Elfen-Kostüm kann schon das Gefühl bestärken, einmal herausgehoben zu sein und die besondere Beachtung genießen zu dürfen. Mögen die Erwachsenen vielleicht hier etwas weniger offen gestehen, welchen ungelebten und unbekannten Seiten ihrer Persönlichkeit sie mit ihrer Verwandlung gerne mal eine Chance geben würden, so darf man doch getrost davon ausgehen, dass es nicht selten so ist.

Wo der oder die Eine sich mit besonders schickem und perfektem Outfit schmücken möchte, suchen Andere genau das Gegenteil. Alles, was man im normalen Alltag an Perfektion, an steifen Kleidervorschriften mit Sakko und Krawatte oder Berufskostüm über sich ergehen lassen muss, das darf man nun mit Lust und guter Laune hinter sich lassen. Zerrissene Bettlerlumpen, bewusst hässliche Maskierungen, schäbige Röcke und Jacken – nichts ist schlecht und naserümpfend genug, um nicht angezogen und umgehängt zu werden. Für die einen erfordert das etwas Mut, sich zu so einer Verkleidung zu bekennen. Für andere ist es pure Lust, sich selbst und seine eigenen perfektionistischen Seiten zu provozieren. Alles darf sein. Ob man nun in die Räuber-, Hexen- oder Mafiosi- Verkleidung schlüpft oder ganz brav und bieder als Cowboy oder Indianer oder gar mit weniger einfallsreichen Ringel-T-Shirts auftritt, immer noch besser, als völlig ohne Verkleidung zu sein. Ein bisschen aus der Alltagsrolle möchte man doch fallen.

Fast möchte man sagen, für solche Gelegenheiten, einmal buchstäblich aus seiner Haut schlüpfen zu können und zu dürfen, sollte es über das Jahr öfter mal Zeiten geben. Faschingsmuffel werden bei solchen Überlegungen erschrocken abwehren. Nein, danke, man ist schon heilfroh, dass diese Narrenzeit begrenzt ist und der ersehnte Abschluss mit dem Aschermittwoch endlich kommt. Es muss ja auch nicht immer Narrenkleidung sein. Und um sich ein wenig verwandeln zu lassen, braucht man auch nicht unbedingt Alkohol-geschwängerte Ballnächte.

Sehnsüchte, Wünsche und Bedürfnisse, die auch nach Leben verlangen

In seinem Buch „Wer bin ich – und wenn ja, wie viele?“, das im Jahr 2008 wochenlang auf der Spiegel-Beststeller-Liste stand, spricht der Philosoph und Publizist Richard David Precht etwas an, was in diese Richtung weisen könnte. Sich einmal Zeit und Muse zu nehmen, um nachdenklicher und aufmerksamer in sich hineinzuhören und zu spüren, welche Sehnsüchte, Wünsche und Bedürfnisse in einem wohnen, die auch nach Leben verlangen. Zumindest immer wieder einmal lebendig werden dürfen. Dazu braucht es auch keine äußere Verkleidung. Zum Beispiel könnte es bedeuten, dass ich mir einige Zeit erlaube, meinen teilweise unterdrückten selbstbewussten Anteil etwas bewusster nach außen zu leben. Im Guten, nicht in Überheblichkeit oder Arroganz, sondern in selbstbewusster Sicherheit und Bescheidenheit. Und dann vielleicht wieder den altruistischen Teil, der nur mal auf andere und deren Bedürfnisse schaut. Ganz bewusst.

Bei Schauspielern bewundere ich immer wieder, wie sie die Chancen bekommen, in ganz andere Rollen zu schlüpfen. Die besten spielen ja auch nicht, sondern sie leben die Person, die sie darstellen. Der erst kürzlich verstorbene Bruno Ganz war einer dieser Großen. Für uns normal Sterbliche bleibt halt, die eigenen verschiedenen Rollen in uns ab und zu, nicht zu spielen, sondern zu leben.

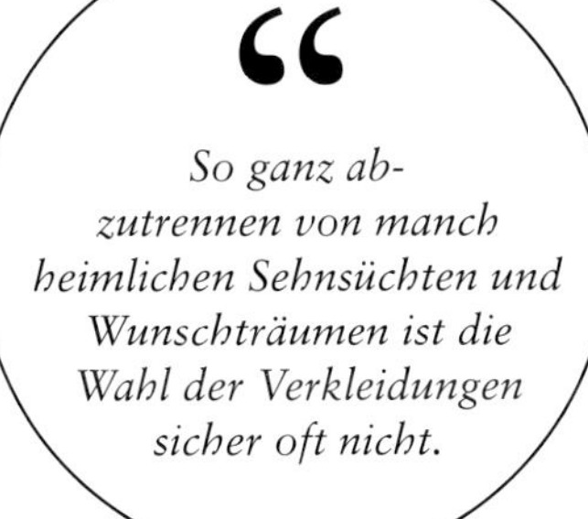

8

NUN FASTEN SIE WIEDER…

Wunsch nach Veränderung

8

NUN FASTEN SIE WIEDER...

Wunsch nach Veränderung

Wenn ihr fastet, setzt keine Leidensmiene auf wie die Heuchler. Sie vernachlässigen ihr Aussehen, damit die Leute ihnen ansehen, dass sie fasten. Ich sage euch: Sie haben ihren Lohn damit schon erhalten. Wenn du fastest, pflege dein Haar und wasche dir das Gesicht wie sonst auch, damit die Leute dir nicht ansehen, dass du fastest." Wüsste man nicht, dass diese Worte aus dem Matthäus-Evangelium und aus dem Munde Jesu stammen und somit gut 2000 Jahre alt sind, könnte man durchaus der Meinung sein, es zum Beispiel mit einem Vorwort aus den in diesen Tagen so beliebten Fasten-Ratgebern zu tun zu haben. Mit dem Aschermittwoch setzt bei so manchen Zeitgenossen nach den närrischen Tagen eine Art Gegenbewegung ein. Der Unterschied zum Verhalten während der Faschingstage ist oft eine deutlich spürbare Ernsthaftigkeit und Entschlossenheit.

Sehnsucht nach spürbarer Veränderung im Alltagsleben

Die Motive sind sehr unterschiedlich. Mag es für die einen „nur" um die dringend anstehende Gewichtsreduktion nach etwas zu üppigem Luxusleben gehen, also eine Art Wiedergutmachung und Beschwichtigung von Schuldgefühlen, so haben andere buchstäblich eine Art Lebensumkehr im Sinn. Für die nicht ganz so opfer- und leidensbereiten Mitmenschen sind die selbsterwählten Faster nicht immer so ganz unproblematisch. Grundsätzlich stellt jede Person, ob in Familie oder beruflichem Umfeld, die anderen unbewusst und oft auch ungewollt vor eine Art Entscheidung, wenn sie sich deutlich in ihrem Verhalten und ihrer Lebensweise verändert. In Gemeinschaften gibt es immer eine Grundtendenz. Das Gewohnte und bisher Gelebte sollte möglichst unverändert erhalten bleiben. Denn jede Veränderung eines Teiles eines Systems bringt das ganze System in Bewegung. Wie am Modell eines Mobiles zu beobachten ist.

Wenn zum Beispiel ein Familien- oder Team-Mitglied, das bei allen als notorischer Raucher bekannt war, es plötzlich schafft, mit dem Rauchen konsequent aufzuhören, dann stellt es die anderen Raucher ungewollt vor eine Entscheidung. Entweder sich zu rechtfertigen, warum man es selber nicht schafft oder sich selbst zu dieser heroischen Tat durchzuringen. Zumindest lässt es die meisten nicht so unberührt und ohne weiteres im alten Trott weiterwurschteln. Es löst Bewegung aus. In diesem Sinne könnten die Worte Jesu verstanden werden: Macht euer Fasten nicht zum Prüfstein und zum

Aufforderungscharakter für die anderen, sondern macht es in einer unaufdringlichen und ganz persönlich bescheidenen und verborgenen Art.

Gerade für diejenigen Fastenwilligen, die in der Unterbrechung von gewohnten Alltagsabläufen, wie eben den Essgewohnheiten, eine für sie so wichtige Zäsur in ihrem gegenwärtigen Leben sehen wollen, ist es überhaupt nicht nötig, andere davon überzeugen zu wollen. Für sie ist das Fasten eine Möglichkeit, eine Art aktueller Standortbestimmung zu finden. Die Fähigkeit zu erleben, auf Gewohntes und Beliebtes für einige Zeit verzichten zu können, ist für die meisten eine Selbstvergewisserung der eigenen Kräfte und Stärken. Es hilft, zu erfahren, dass man in der Lage ist, sein Leben auch mit Anstrengung und Herausforderung unter selbstgewählte Kontrolle zu bringen. Das kann Lebenssicherheit und Selbst-Bewusstsein bestärken. Und Mut machen, dies auch in anderen Lebensbereichen und -situationen zu schaffen. Viele Fastenerfahrene berichten ja begeistert oft von solchen Energieschüben, die sie in und durch die Fastentage erleben. Dafür gibt es sicher physische wie psychische Ursachen. Wünschenswert wäre es, dass aus diesen Erfahrungen weiter gehende Lebensveränderungen und Bestätigungen sich entfalten.

Macht jeder Unterdrückung ein Ende!

Es müssen ja nicht immer so hohe und hehre Ansprüche sich ergeben, wie es vom Propheten Jesaja im Alten Testament überliefert ist:
„Seht doch, was ihr an euren Fasttagen tut! …Ihr fastet zwar, aber ihr seid zugleich streitsüchtig und schlagt sofort mit der Faust drein. Darum kann euer Gebet nicht zu mir gelangen. Ist das vielleicht ein Fasttag, wie ich ihn liebe, wenn ihr auf Essen und Trinken verzichtet, euren Kopf hängen lasst und euch im Sack in die Asche setzt? Nennt ihr das ein Fasten, das mir gefällt? Nein, ein Fasten, wie ich es haben will, sieht anders aus! Löst die Fesseln der Gefangenen, nehmt das drückende Joch von ihrem Hals, gebt den Misshandelten die Freiheit und macht jeder Unterdrückung ein Ende! Ladet die Hungernden an euren Tisch, nehmt die Obdachlosen in euer Haus auf, gebt denen, die in Lumpen herumlaufen, etwas zum Anziehen und helft allen in eurem Volk, die Hilfe brauchen! Dann strahlt euer Glück auf wie die Sonne am Morgen und eure Wunden heilen schnell; eure guten Taten gehen euch voran und meine Herrlichkeit folgt euch als starker Schutz…“ *(Jesaja 58, 3–10)*

Nun, dann wünsche ich guten Mut, ob Faster oder Fastenverweigerer, sich aus diesen Aufforderungen vielleicht das eine oder andere herauszusuchen.

“

Die Fähigkeit zu erleben, auf Gewohntes und Beliebtes für einige Zeit verzichten zu können, ist für die meisten eine Selbstvergewisserung der eigenen Kräfte und Stärken.

9

HUMOR ALS LEBENSELIXIER

Wie man die Leichtigkeit des Seins finden kann

9

HUMOR ALS LEBENSELIXIER

Wie man die Leichtigkeit des Seins finden kann

„Humor ist die Fähigkeit, heiter zu bleiben, wenn es ernst wird.“ Nur einer der zahllosen Sprüche und Lebensweisheiten des bekannten, leider bereits 2010 verstorbenen Psychotherapeuten Nossrat Peseschkian. In seinem lesenswerten Büchlein „Das Leben ist ein Paradies, zu dem wir den Schlüssel finden können – Weisheitsgeschichten für Optimisten“ bringt er viele ganz praktische Beispiele, wie man das Leben leichter nehmen kann.

Humor, der eine Art Oase der Entspannung schaffen kann

Dem im Iran geborenen und in Wiesbaden praktizierenden Arzt für Neurologie, Psychiatrie und Psychosomatische Medizin ging es nicht um eine oberflächliche und blauäugige Lebenseinstellung nach dem Motto: „Einfach positiv denken – und alles wird gut!“ In seiner inzwischen auch wissenschaftlich anerkannten Methode der „Positiven Psychotherapie“ versuchte er, die intuitiven Gedanken des Orients mit den neuen Methoden des Okzidents zu verbinden. Geschichten und Lebensweisheiten werden gezielt im Beratungsprozess eingesetzt. So wird deutlich, wie wir von anderen Kulturen lernen können. Darin finden sich tiefere Wurzeln für einen Humor, der eine Art Oase der Entspannung schaffen kann. Es geht immer wieder um eine Lebenseinstellung, die klug und achtsam unterscheiden kann zwischen dem, was wir als Realität um uns herum erleben, und welche Bedeutung wir dem allen geben. In dieser Unterscheidung liegen unsere Möglichkeit und unser Potential, mit dem Leben und den Gegebenheiten verschieden umzugehen. Als Vertreter der Humor-Kultur des Okzidents könnte man wohl den begnadeten Komiker Karl Valentin entgegensetzen. Sein schon oft zitierter Spruch „Ich freue mich, wenn es regnet. Denn wenn ich mich nicht freue, regnet's auch!“ drückt genau eine solche Lebenseinstellung aus.

Wofür verschwenden wir nicht überall unnütze Energie mit Ärger, Sorgen und Missmut über Dinge, Gegebenheiten und Verhaltensweisen von Menschen, die wir eh kaum ändern können. Von all diesen hilflosen und unnötigen Gefühlen loslassen zu können und sich all die negativen Energien zu ersparen, dazu könnte schon ein gesunder Humor verhelfen. Wenn man mit Menschen mit wirklich tiefgründigem Humor zusammen ist, dann fühlt man sich buchstäblich umgeben von einer Mischung aus Vertrauen, Ernsthaftigkeit und Leichtigkeit.

Dabei geht es nicht um Spaßmacher, Witzbolde oder Sprücheklopfer. Auch nicht jeder Kabarettist und Komiker kann unbedingt zu diesen besonders charakteristischen Menschen gerechnet werden. Die Art Humor als Lebenseinstellung, wie sie der Therapeut Peseschkian meint, benötigt nicht Häme, Spott oder Klamauk oder Schadenfreude. Er gründet in dem Wissen, dass hinter und über allem in unserem Leben tiefere Zusammenhänge und Sinngründe bestehen. Letztendlich liegt dieser Haltung ein tiefes Vertrauen in das Leben zugrunde. Und auch ein Vertrauen zu sich selbst und zu seinem eigenen Leben. Damit lässt man sich auch nicht so leicht verunsichern oder aus der Fassung bringen im Umgang mit anderen Menschen.

Mit welcher Leichtigkeit und Unbeschwertheit man umgehen könnte zum Beispiel mit Mitmenschen, die scheinbar über besondere Qualitäten verfügen oder vermeintliche Vorteile besitzen, zeigt der Autor dieses Büchleins mit einer Schmunzel-Geschichte.

Erstmals kehrte ein Sohn, der an der Universität Philosophie studiert hatte, nach Hause zurück. Der Vater bereitete ihm einen herzlichen Empfang und ein gutes Essen. Wein wurde getrunken, und der Vater sagte: „Was hast du an der Universität studiert, mein Sohn?“ „Philosophie!“ „Und was ist sie dir nütze, die Philosophie?“ „Oh, die Philosophie ist zu vielem nütze“, erwiderte der junge Mann. „Nimm zum Beispiel diesen gebratenen Hahn. Für gewöhnliche Menschen ist es nur ein gewöhnlicher, ein konkreter Hahn. Für uns Philosophen jedoch sind es zwei Hähne, ein konkreter und ein abstrakter Hahn.“ „Ich hätte nicht gedacht, dass die Philosophie so nützlich ist“, sagte der Vater darauf. „Gut, machen wir es so: Ich esse den konkreten Hahn, und du verspeist den abstrakten.“

Guter Humor ist nie verletzend und erniedrigt niemanden

Diese amüsante Geschichte kann über Humor etwas Wesentliches und Grundsätzliches aussagen. Guter Humor ist nie verletzend und erniedrigt niemanden. Aus einem gesunden Selbstbewusstsein, Vertrauen und dem Wissen um die eigenen Stärken und Schwächen hat man keinerlei Notwendigkeit, sich verteidigen zu müssen. Man kann andere anders sein lassen und das, was anerkennenswert ist, auch anerkennen. Dabei aber – wie in dieser Geschichte – mit so manchem an Ungereimtheiten, an Absonderlichem und vielleicht auch Anmaßungen in seinem Umfeld gelassen und – wirklich – humorvoll umgehen.

In diesem Sinne: Viel Spaß beim Humor!

> “
> *Es geht um eine Lebenseinstellung, die klug und achtsam unterscheiden kann zwischen dem, was wir als Realität um uns herum erleben, und welche Bedeutung wir dem allen geben.*

10

BERÜHRE MICH!

Die Magie des Berührt-werdens

10

BERÜHRE MICH!

Die Magie des Berührt-werdens

Noli me tangere!" So manchem Lateiner ist dieser Spruch nicht ganz unbekannt. „Berühre mich nicht!" Auch wenn nicht jeder die Zuordnung dieses Spruches so genau kennt, so wurde er doch zumindest als Beispiel für eine grammatikalische Form im Lateinunterricht gern zitiert.

Tatsächlich stammt dieser Ausspruch aus dem Johannesevangelium. Maria Magdalena begegnet dem Bericht zufolge als Erste dem Auferstandenen in der Nähe des leeren Grabes, erkennt ihn jedoch nicht, sondern hält ihn für den Gärtner. Daher befragt sie diesen, ob er etwa den vermissten Leichnam des Gekreuzigten weggetragen und wohin er ihn gelegt habe. Erst als Jesus sie bei ihrem Namen nennt, erkennt sie ihn. Offenbar auf ihren Versuch, ihn zu küssen oder zu umarmen, reagiert Jesus mit dem sprichwörtlich gewordenen Ausspruch und begründet sein Verbot damit, er sei noch nicht zum Vater aufgefahren.

Grenzen anerkennen und Abstand halten

Wie immer auch diese Stelle im Neuen Testament theologisch zu begründen und zu deuten ist, man kommt gar nicht umhin, diesen Ausspruch einmal ganz allgemein auf sich wirken zu lassen: „Berühre mich nicht!" Welche Gefühle werden denn da unwillkürlich angesprochen? Ich kann mir gut vorstellen, dass da ganz ambivalente Empfindungen bei verschiedenen Menschen ausgelöst werden können. Unbändige Sehnsucht und genauso auch Unwohlsein bis Angst.

Berührung, körperliche Berührung, kann etwas sehr Intimes und auch Grenzüberschreitendes sein. Jeder Mensch hat eine unsichtbare Hülle um sich, die seine ganz individuellen Grenzen markiert, über die man nicht so einfach ohne Erlaubnis treten darf. In der Paartherapie markieren wir ganz praktisch zuweilen diese unsichtbaren, aber gefühlten Grenzen mit Seilen, die die einzelnen Partner ganz intuitiv um sich legen sollen. Da wird oft deutlich, wie eng oder wie weit diese Seile um sich gezogen werden. Je enger diese Seile gelegt werden, umso näher lassen sie andere an sich heran, bis es ihnen zu nah und zu bedrohend wirkt. Es geht oft um Menschen, die zu wenig klar anderen deutlich machen können: Bitte Abstand halten! Bei anderen wird schon in weitem Abstand eine Annäherung als Grenzüberschreitung empfunden.

Für Mitmenschen ist es oft nicht einfach, zu erkennen, wann bin ich zu bedrängend und wann möchte der oder die Andere meine Zuwendung. Für Partner, Freunde und Angehörige bedeutet der Umgang mit diesen Menschen oft eine schwierige Gratwanderung. Es braucht viel Achtsamkeit und Einfühlungsvermögen, sich hier angemessen und richtig zu verhalten.

Berührungen können Wohlbefinden, Zufriedenheit und Glücklich-sein auslösen

Die jüngsten Debatten um Übergriffigkeit und Missbrauch haben einerseits dazu beigetragen, dass die meisten Zeitgenossen doch etwas vorsichtiger und sensibler geworden sind. Andererseits wäre es sehr schade, wenn dadurch gerade bei so einem wirklich lebenswichtigen Bedürfnis und der Sehnsucht nach körperlichem Ausdruck von Zuneigung zwischen Menschen, die sich Gutes tun wollen, zu viel Verkrampfung und Unsicherheit einkehren würden.

Wie stark Berührungen für Menschen Wohlbefinden, Zufriedenheit und Glücklich-sein auslösen können, kann an so einem schlichten Beispiel wie dem „Händchenhalten" erkannt werden. Seriöse wissenschaftliche Untersuchungen haben Erstaunliches ans Licht gebracht. Erstens verringert sich durch Händchenhalten Cortisol, indem die andere Person sich zufrieden und verbunden fühlt. Es sendet Signale an das Gehirn der Person, dass bei einer wahrgenommenen Bedrohung weniger Gefahr besteht. Dies gilt insbesondere, wenn man die Hand eines geliebten Menschen oder eines romantischen Partners hält. Wenn der Cortisolspiegel hoch ist, ist die Haut empfindlicher. Und weil die Hände und Finger die meisten Nervenenden im Körper enthalten, kann Händehalten dazu beitragen, dass man sich wohler fühlt. Zweitens erhöht das Händchenhalten Oxytocin. Dies ist das Hormon, das dafür verantwortlich ist, empathische Reaktionen hervorzurufen und eine bessere Kommunikation zu bewirken. Deshalb gilt es als „Liebeshormon". Händchenhalten entwickelt nicht nur eine Bindung zwischen den romantischen Partnern, es hilft ihnen auch, sich sicherer, geliebter und glücklicher zu fühlen. Und das Beste von allem? Händchenhalten ist auch buchstäblich gut für das Herz. Oxytocin reduziert den Blutdruck, der mit Herzerkrankungen verbunden ist.

Übrigens wurde auch festgestellt, dass die Zeitspanne zwischen dem ersten Kennenlernen und dem Händchenhalten wesentlich länger ist als die Zeitspanne nach dem Händchenhalten und dem ersten Kuss.

Also dann, viel Spaß und Freude beim Suchen nach dem nächsten Händchen eines geliebten Menschen.

11

NEUGIERIG?

Eine zwiespältige Eigenschaft

11

NEUGIERIG?

Eine zwiespältige Eigenschaft

Sind Sie neugierig? Zum Beispiel jetzt neugierig darauf, was hier alles noch geschrieben steht? Hoffentlich, sonst könnte ich mir den Rest ab hier ersparen. Genau das ist der große Wert der Neugier. Man bleibt nicht stehen, gibt sich nicht zufrieden, sondern möchte wissen, was noch kommt, wie es weitergeht. Neugier schafft Bewegung. Manchmal im absolut wörtlichen Sinn. Man macht sich auf, um nachzusehen, was war das für ein Geräusch, wer ist da gerade um die Ecke gebogen, woher kommt die Musik und so weiter. Diese positive Bedeutung dieses Wortes „Neugier" in der Alltagssprache meint oft eine Eigenschaft, die erst den Antrieb für Bewegung bringt. Auch im übertragenen Sinne. Aus Neugier sich informieren wollen, mehr wissen wollen. Und deshalb nicht Ruhe geben, bis man in Büchern, Internet oder Nachfragen bei anderen Menschen dem näherkommt, was einen so neugierig gemacht hat. Der geniale Albert Einstein bestätigt in seiner oft so unnachahmlich schlichten und so treffenden Weise diese Tatsache, dass Neugier erst Bewegung und damit Entwicklung, Wissenschaft und Fortschritt ermöglicht: „Ich habe keine besondere Begabung, sondern bin nur leidenschaftlich neugierig!"

Kann ein Narr mehr fragen, als sieben Weise beantworten können?

Würden Eltern nicht erschrecken, wenn ihr kleines Kind nicht neugierig wäre? Wenn ihm sozusagen alles egal und gleichgültig wäre? Wenn es nicht alles untersuchen, zerlegen und ausprobieren wollte? Im praktischen Alltag zwar nicht immer ganz willkommen und beruhigend, aber so unausweichlich und wirklich lebensnotwendig. Natürlich können einem kleine Kinder ein Loch in den Bauch fragen. Und dann könnte man wirklich manchmal an das Sprichwort denken: „Ein Narr kann mehr fragen, als sieben Weise beantworten können!" Kinder erleben und erobern die Welt dank ihrer Neugier. Es gibt keine Phase unseres Lebens, in der wir mehr am Lernen und Erfahren sind als in der frühen Kindheit. Wie schön, wenn dieses Lernen und diese Neugier begleitet werden vom Wohlwollen und der gutmütigen Geduld und Zuwendung durch Eltern und Erzieher.

Schade, wenn manchmal Kinder die unbedachte oder unwillige Äußerung von Erziehungspersonen hören müssen: „Sei nicht so neugierig!". Da könnte dann schon etwas von dem entstehen, was leider auch in der Bedeutung mit diesem Wort mitschwingt. Neugier als schlechte Eigenschaft. Und genügend Helfer von Rettungsdiensten und Polizei können leider ein traurig Lied singen von dieser unguten Seite. Wie peinlich und abstoßend sind Bilder von Menschen, die voyeuristisch mit gezückten Handys am Rand eines tragischen Unfallgeschehens stehen und gefühl- und gnadenlos versuchen, möglichst reißerische Bilder zu machen. Oder in einer so aufdringlichen und unsensiblen Weise ihre Neugier befriedigen über das Leben von anderen. Trauernde sind hier oft beklagenswerte Opfer.

Ich bedaure sehr, wenn dieses so wertvolle Wort „Neugier“ in so einem Zusammenhang gebracht wird. Es macht diese Zwiespältigkeit von bestimmten Worten und Begriffen aus, dass sie immer verbunden sind mit Werthaltungen und Eigenschaften von konkreten Menschen. Neugier darf nicht zügellos sein. Da kann sicher auch in der Erziehung etwas beginnen, einem Kind zwar nicht die Neugier zu verbieten, sondern ihm Stück für Stück eine gewisse Achtsamkeit und ein Feingefühl nahezubringen. Zum Beispiel, dass man nicht laut vor anderen fragt, warum diese Frau da so dick ist, oder warum der Mann im Rollstuhl sitzt. Nicht ganz einfach, einem Kind klarzumachen, warum man einen behinderten Menschen nicht so unverhohlen anstarren sollte.

Die wunderbare Fähigkeit, noch staunen zu können

Auf der einen Seite ist es das gute Recht und auch die natürliche Art eines Kindes, dass es Dinge und Situationen völlig unvoreingenommen betrachtet. Man spricht auch von der „nativen Meditation“. Dahinter verbirgt sich diese wunderbare Fähigkeit, noch staunen zu können. Alle Dinge als staunenswert zu betrachten. Beide könnten da voneinander lernen. Die Erwachsenen von dieser Offenheit und unverbildeten Neugier für die Welt von den Kindern und diese wiederum von den Erwachsenen über den achtsamen und feinfühligen Umgang mit anderen Menschen.

Grundsätzlich sollte man vielleicht die Worte des Medizin-Nobelpreisträgers aus dem Jahr 2000, Eric Kandel, beherzigen, dem es ein Anliegen ist, dass Menschen auch in späteren Lebensphasen nicht die Lust an der Neugier verlieren: „Gehen Sie auf keinen Fall in den Ruhestand!“ Wohlgemerkt, das wollte er nicht als Beitrag zur Rentendiskussion verstanden wissen, sondern als Aufruf zur lebenslangen Bildung, die aus der Neugier genährt wird.

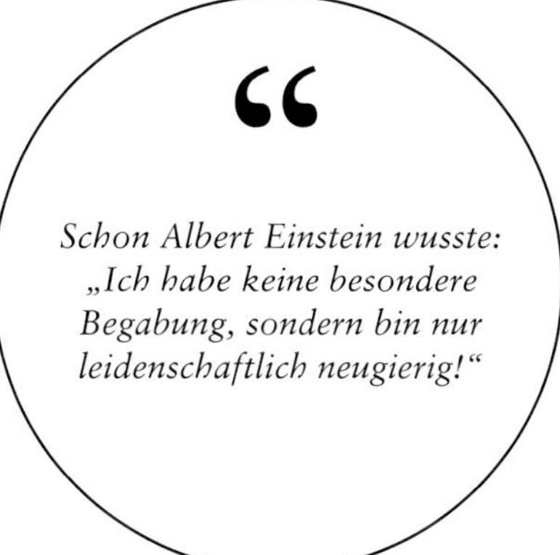

Schon Albert Einstein wusste: „Ich habe keine besondere Begabung, sondern bin nur leidenschaftlich neugierig!“

12

FRÜHLINGSERWACHEN

Eine hilfreiche Jahreszeit

12

FRÜHLINGSERWACHEN

Eine hilfreiche Jahreszeit

„Wer jetzt kein Haus hat, baut sich keines mehr, wer jetzt allein ist, wird es lange bleiben…" Rainer Maria Rilke! Die letzten Verse im Gedicht „Herbsttag". Nun steht aber der Frühling vor der Türe! Ein amüsanter Gedanke: Wenn also im Herbst kein Haus mehr gebaut wird und die Einsamkeit sozusagen vorprogrammiert ist, bringt dann diese Jahreszeit mit dem Frühlingserwachen das Gegenteil? Lust auf Haus- und Nestbau, raus aus der Vereinsamung und hinein ins pulsierende Leben und Vergnügen?

Die Auswirkungen des Klimas auf die Psyche

Nicht nur aus der Erfahrung von Helfern, Ärzten und Therapeuten kann bestätigt werden, dass mit den äußeren Veränderungen an Helligkeit und Wärme, an den zunehmenden Stunden mit Sonnenlicht und Vogelgezwitscher auch innere Veränderungen zu beobachten sind. Der Rat von Psychiatern an ihre Patienten, die sich oft nur mit medikamentöser Unterstützung durchs Leben quälen, aber irgendwann einmal loskommen möchten von den Tabletten, unterstreicht diese Erfahrung. Sie empfehlen vor allem Patienten, die unter depressiven Stimmungen und Energieverlust leiden, wenn sie schon den Versuch einer Reduzierung oder gar das völlige Absetzen der Medikamente probieren wollen, dies dann am ehesten in diesen frühen Monaten des Jahres zu planen. Die Auswirkung von Klima, Wetter und Jahreszeit auf die Psyche der Menschen ist sicherlich unterschiedlich. Es gibt wohl Charaktere, die für solche äußeren Einflüsse weniger anfällig sind und auch bei ungünstigen Wetterbedingungen und tristen Tagen nicht zu viel an Lebensfreude und Schaffenskraft verlieren. Es kann eine grundsätzliche psychische Konstitution sein, die – aus welchem Grund auch immer – mit heiterem Optimismus und unerschütterlicher Lebensenergie beschenkt ist. Das kann auch mit der aktuellen Lebenssituation zu tun haben, wie etwa Verliebtheit oder erfolgreiche Phasen im Beruf oder Ähnliches. Aber die meisten Menschen beklagen doch immer wieder, dass es für sie eine große Rolle spielt, wenn sie am Morgen aufstehen, ob die Sonne am blauen Himmel lacht oder dunkle Wolken vor dem Schlafzimmer hängen. Allein von den ganz praktischen Auswirkungen, die ein sonniger Tag, ein lichtdurchflutetes Zimmer und die Wärme der Luft auf das konkrete Leben haben, macht schon verständlich, warum der Frühling die Lebensstimmung heben kann. Muss man im Winter für das Frühstück selbst bei geöffneten Jalousien noch bei künstlichem Licht am Tisch sitzen, dann ist der unwillkürliche Eindruck, der Unterschied zur Abendstimmung ist nicht sehr groß. Außer Haus zu gehen bedeutet, mit reichlich wärmender Kleidung eingedeckt zu sein, und das kann das Gefühl hervorrufen, nicht nur äußerlich, sondern auch innerlich mit etlichen Schichten gegenüber der Außenwelt abgeschottet zu sein. Wie schön ist es, zu beobachten, wie im Frühling nicht nur die äußeren Türen und Fenster sich öffnen, sondern plötzlich wieder die Gespräche mit den Nachbarn über den Gartenzaun aufgenommen werden. Auf der Straße rennen die Menschen nicht mehr fröstelnd aneinander vorbei mit kurzem Gruß, um schneller wieder in die warme Stube zu kommen. Von warmen Sonnenstrahlen beschienen lässt sich auch ein längerer Plausch auf der Straße oder dem Parkplatz im Supermarkt viel angenehmer aushalten. Dass wir eher in nördlich angesiedelten Gebieten lebenden Europäer oft die Lebensfreude, die Kontaktfreudigkeit, Geselligkeit und Lebenskultur der Südeuropäer bewundern oder gar beneiden können, hat sicher nicht zuletzt mit diesen klimatischen Bedingungen zu tun.

Aber statt darüber zu jammern, dass wir nicht so viele Sonnentage im Jahr haben, könnte man mehr auf das schauen, was unsere heimatliche Natur uns bietet. Ganz grundsätzlich gilt, dass das Glückserleben in erster Linie aus dem Erleben von Unterschieden herrührt. Gleichbleibende Zustände, auch wenn sie sehr angenehm sind, können auf Dauer dieses Glücksgefühl nicht aufrechterhalten. Man denke nur, wie das Gefühl ist, wenn man nach anspannenden Tagen oder Stunden vor Prüfungen oder Herausforderungen alles geschafft hat. Oder nach Krankheit, Schmerzen und Belastungen plötzlich wieder befreit ist. Die Wenigsten spüren bei dauerhafter Gesundheit dieses gleiche Gefühl. Es ist selbstverständlich und müsste erst bewusst wahrgenommen werden.

Die Natur bietet in unseren Breiten für solche Unterschiede genügend Anregungen. Sowohl der Unterschied der Jahreszeiten wie auch die vielfältigen Wettersituationen bewirken und fordern unterschiedliche Gefühlslagen. Wenn die ersten grünen Triebe an Büschen und Bäumen zu erkennen sind, wenn aus dem vertrockneten Rasen die Krokusse und Schlüsselblumen hervorspitzen, dann braucht es nur einen aufmerksameren Blick und ein bewussteres Hineinspüren in sein augenblickliches Gefühl, um die Parallelen in der Seele wahrzunehmen. Vielleicht ist es jetzt eher möglich, den spontanen Ideen oder Intuitionen zu vertrauen, die plötzlich mit anderer Energie wieder auftauchen. Es muss ja nicht gerade ein Hausbau sein!

Karl Valentin und seine Sichtweise der Dinge

Für denjenigen, der sich wie die Natur im Frühling öffnet, kann es zu einer recht kreativen und produktiven Zeit werden. Und für alle, die damit hadern, dass die Frühlingstage leider nicht immer frühlingshaft sind, empfehle ich die Einstellung von Karl Valentin: „Ich freue mich, wenn es regnet. Denn wenn ich mich nicht freue, regnet's auch!“

13

ZAUBERWELT ROMANTIK

Wie Paare nach Jahren noch romantisch sein können

13

ZAUBERWELT ROMANTIK

Wie Paare nach Jahren noch romantisch sein können

Vielleicht hat so mancher schon bei der Überschrift dieser Gedanken klammheimlich sich gefragt: Ach ja, wann war es eigentlich in meiner Beziehung das letzte Mal, dass wir von einem romantischen Moment sprechen könnten? Gleich zum Trost und zur Beruhigung – wer sich ein wenig zerknirscht das Hirn zermartert und nicht so schnell eine zeitnahe Bestätigung findet: Sie sind nicht allein. Zum einen wird die Frage, was eigentlich als romantisch bezeichnet und erlebt wird, recht unterschiedlich beantwortet. Zum anderen sind Menschen so verschieden, dass es nicht immer einfach ist, dass das Erleben von bestimmten Situationen in gleicher Weise und Intensität erfahren und beurteilt wird. Ja, wenn man so richtig tief in der ersten Verliebtheit steckt, dann kann ein spontaner leidenschaftlicher Kuss, egal ob mitten umgeben von Müllcontainern oder hässlichen Plattenbauten, als Romantik pur unvergesslich bleiben. Von wegen schmelzender Sonnenuntergang und schmachtende Mondnacht! Es reicht, dass du da bist! Romantik hat also sicher etwas mit Gefühlen zu tun, oder auch mit Hormonen: Aber das ist – Gott sei Dank – nicht die einzige Basis und Voraussetzung.

Teamarbeit und geistige Verwandtschaft bei Wertvorstellungen und Lebensinhalten

Mit nüchterner Überlegung erkennt jeder, dass das Alltagsleben von zwei auch noch so liebenden Menschen genügend an Barrieren und Herausforderungen hat, die einfach alles andere als romantische Sprudelquellen sind. Paartherapeuten weisen auch immer darauf hin, dass langfristige Paarbeziehungen nicht nur auf Leidenschaft und Romantik aufgebaut sein können. Sie nennen als zusätzliche Pfeiler die Fähigkeit zur Teamarbeit und geistige Verwandtschaft bei Wertvorstellungen und Lebensinhalten.

Noch die größte Leidenschaft kann Stück für Stück an zunehmender Schwindsucht leiden, wenn sie in größtem Chaos und Unordnung, ungerechter Arbeitsverteilung und völlig konträren Lebenszielen sich erschöpft. Gerade aber in diesen Beziehungsthemen kann auch die Chance liegen, sogar in lang bestehenden Partnerschaften solche romantischen Inseln schaffen zu können.

Natürlich können die üblichen klischeehaften romantischen Sonnenuntergänge und traumseeligen Mondnächte durchaus ein Ambiente für verliebte Stunden schaffen. Aber die Gefahr besteht, dass, wenn man zu sehr Romantik in dieser Art planen möchte, gerade das Gegenteil von Lust und Freude geschieht. Eher Verkrampfung, Erwartungsdruck und Enttäuschung.

Wie gut tut es, wenn man von einem Experten da offensichtlich ganz simple, aber konkret umsetzbare Anregungen bekommt, was man selber beitragen könnte, eine Voraussetzung zu schaffen für romantische Stunden und Erlebnisse. Arthur Aron, Professor für Psychologie an der Stony Brook University in New York, hat sich solchen Romantik-fördernden Studien gewidmet. Er weiß, von was er redet. Er selbst ist seit über 50 Jahren – mit derselben Frau! – verheiratet. Seine Empfehlungen sollte man sich durchaus zu Herzen nehmen.

Es könnte Beziehungen beleben: Aufräumen ist sein erster Impuls. Ja, es darf auch das ganz praktische Aufräumen der häuslichen Umgebung sein, auch das könnte ein gutes emotionales Klima schaffen, wenn es nicht zur entnervenden Perfektion ausartet. Er aber meint damit seelisches Aufräumen. Das bedeutet, dass jeder mit sich selbst im Klaren ist, sich um seine eigene Zufriedenheit kümmert. Wohl einer der wichtigsten Energielieferanten für Romantik ist – wie auch in allen Bereichen einer Beziehung – das Bemühen, den anderen in seiner Eigenart und seinen Empfindungen zu verstehen. Wie unterschiedlich sind unsere Vorstellungen, was romantisch für jeden ist. Sind es Aufmerksamkeiten, zum Beispiel geschmackvolle Geschenke, liebe Lobesworte und ehrliche Komplimente. Oder das spontane, unerwartete Übernehmen von Alltagsaufgaben. Oder kleine, zärtliche und überraschende Berührungen.

Eine Tür zur geheimen inneren Welt der Männer

Auch ein Gefühl für den richtigen Zeitpunkt, das Timing eines Impulses, kann wesentlich sein. Phantasie war schon immer ein Grundpfeiler für lebendige Beziehungen. Besonders von Frauen wird in Paarberatungen immer wieder etwas erwähnt, was für sie wie ein erotisierender Impuls erlebt wird, und damit wie eine Tür zu romantischen Stunden sein kann. Wenn ihr Partner auch einmal über seine ganz inneren Gefühle spricht. Auch den Mut hat, von ihm als Schwächen definierte Seiten und Gedanken zu reden. Dann kann es sein, als ob in die so oft erlebten Burgmauern einer geheimen inneren Welt der Männer eine Tür sich öffnet, die Nähe und Weichheit verspricht.

Manchmal braucht die Romantik diesen Mut. Sich verletzlich zeigen zu dürfen. Sich ganz dem Vertrauen in seinen Partner zu überlassen. Diese Romantik kann auch nach vielen Jahren Ehe möglich sein.

14

AUFSTEHEN! AUFSTEHEN!

Die stille Weisheit der Natur

14

AUFSTEHEN! AUFSTEHEN!

Die stille Weisheit der Natur

Eines vom Schönsten im Leben sind die unvorhergesehenen und ungeplanten Dinge und Ereignisse, die einem im Guten widerfahren können. Wenn man zum Beispiel angestrengt über irgendeine Arbeit, eine Erledigung wie etwa das Erstellen eines Textes, einer Botschaft oder Predigt brütet, und nichts Rechtes einem einfallen möchte. Dann kann einem etwas passieren, was ein Therapeut in einer so humor- und sinnvollen Geschichte ausgesprochen hat: „Ein Mann rannte verzweifelt und mit letzter Kraft seinem Glück hinterher. Schließlich konnte er nicht mehr und blieb ausgepumpt und atemlos stehen. Da konnte ihn das Glück endlich einholen!"

Hirnforscher bestätigen ja immer wieder, dass man dem Gehirn oft die größere Chance ermöglicht, kreative Gedanken zu entwickeln, wenn man beim zu verkrampften und bemühten Nachdenken und Grübeln einfach mal Pause macht und sich etwas ganz Anderem zuwendet. Dann kann Raum frei werden für das Ungeplante, das völlig Andere, Überraschende und Kreative. So ging es mir bei diesen Sonntagsgedanken. Über dem bemühten Nachdenken zu einem Thema, das über diese Frühlingszeit und die Ostertage Sinnvolles aufzeigen könnte, kommt da plötzlich aus einem völlig anderen Zusammenhang ein so wunderbarer Spruch in den Blick: „Ein Baum, der umfällt, macht mehr Krach als ein ganzer Wald, der wächst." Angeblich eine chinesische Weisheit.

Aus der Natur können wir vieles für unser eigenes Leben lernen

Was hat dies mit Frühling und Ostern zu tun? Ist nicht gerade diese Jahreszeit ganz besonders von stiller, sanfter Kraft und doch so explosiver Entfaltung geprägt? Dieses so energievolle Wachstum macht wahrlich keinen Krach! Nicht von ungefähr ist eines der offenkundigsten Symbole für Ostern das Oster-Ei. Als Symbol für das Leben, das aus dem tiefen Inneren und der Ruhe des Wachstums sanft und still die Schale durchbricht und neues Leben in die Welt entlässt. Die Natur könnte es uns leicht machen, aus ihrer Beobachtung und Wahrnehmung so vieles für unser eigenes Leben zu lernen. Und nicht nur mit dem Verstand, sondern mehr noch für das Gefühl und das Gemüt. Da ist mitten in allem Hervorbrechen an Blüten und Grün ein Strauch, der nur kahle Zweige und Äste in den Himmel streckt. Während alles wie in einem Rausch aus Erde, Rinde und Steinboden entspringt, weist nichts in diesem Gewächs darauf hin, dass in ihm Leben stecken könnte, das nach Entfaltung strebt. Wer nicht um die Besonderheiten der verschiedenen Pflanzen, Gewächse und Wesenheiten weiß, könnte in einer unbedachten Ungeduld und fehlendem Wissen sich entschließen, solche scheinbar toten oder abgestorbenen Pflanzen abzuschneiden oder auszureißen. „Alles hat seine Zeit" – möchte man hier gerne anmahnen.

Wenn Kinder ganz anders sind, als sich ihre Eltern das wünschen

Tatsächlich lehrt uns die Natur, dass vieles seinen ganz eigenen Rhythmus, seine ganz eigenen Wachstums- und Entfaltungsgesetze hat. Wie spät zum Beispiel treiben die Blätter mancher Eichenarten aus im Unterschied etwa zu anderen Laubbäumen. Um diese Verschiedenheiten wahrzunehmen, muss man nicht unbedingt die Fachkenntnisse eines Botanikers oder Gärtners haben. Es ist schon wertvoll und hilfreich genug, achtsam zu sein und mit gutem Vertrauen zu glauben, dass es Dinge gibt, die ungeachtet unserer Ungeduld und manchen Misstrauens eigene Wege und Weisen zu ihrem Wachstum haben. Ich denke hier an so manche Eltern, die sorgenvoll Rat suchen für einen hilfreichen Umgang und Einfluss auf ihre Kinder. Es gibt Phasen im Leben gerade von Jugendlichen, in denen läuft so vieles ganz anders, als Eltern es sich wünschten. Der Kontakt und die Mitteilungsbereitschaft zwischen Kindern und Eltern sind am Schwinden. Schulische Leistungen brechen ein, mit ihren Freundschaften sind die Eltern nicht einverstanden, Computer-Konsum führt in bedenkliche Abhängigkeiten. Weil man nicht weiß, wie es in der Zukunft weitergehen soll, ob diese Phase der Anfang einer beängstigenden negativen Lebensspur ist, reagieren Eltern verzweifelt und angstvoll.

Die Erfahrung aber zeigt immer wieder desillusionierend, dass man eigentlich mit keiner Erziehungsmethode wirklich etwas Entscheidendes bewirken kann. Weder Strafen noch Nachsicht und Verständnis sind hilfreich. Es erinnert an diese Beobachtung: Wo überall Grün und Blüten entstehen, scheint hier „totes Holz" zu sein. Keine Entwicklung und Veränderung zum Guten sichtbar.

Es ist für viele Eltern sehr schwer, wenn ihnen erfahrene Therapeuten und Helfer versuchen, Mut zu machen, dass sie als einzig wirkliche Chance nur ihr Vertrauen in ihr Kind haben können. Es ist dieses Vertrauen, dass ganz tief in ihren Kindern das steckt, was auch in der Natur zu beobachten ist. Im Inneren ruhen die wirklichen Kräfte, die bei jedem Menschen eine ganz eigene Wachstums- und Entfaltungskraft besitzen. Leider erfahren es die meisten erst im Nachhinein, dass sich das Vertrauen wirklich gelohnt hat.

“

Es ist schon wertvoll und hilfreich genug, achtsam zu sein und mit gutem Vertrauen zu glauben, dass es Dinge gibt, die ungeachtet unserer Ungeduld und manchen Misstrauens eigene Wege und Weisen zu ihrem Wachstum haben.

15

DAS ERLEBNIS DES AUFERSTEHENS

Unterschiede von Festen

15

DAS ERLEBNIS DES AUFERSTEHENS

Unterschiede von Festen

Was fällt einem zum Thema Ostern eigentlich ein? Es ist zwar wie Weihnachten auch ein herausragendes Fest für die Christen, hat aber irgendwie nicht die emotionale Verankerung bei den meisten Menschen, insbesondere bei den Kindern. Warum eigentlich? Es gibt doch auch für viele Kinder die schönen Erinnerungen an so nette Rituale in vielen Familien, wenn Eltern mit geheimnisvoller Miene den Kindern etwas von einem Osterhasen und Ostereier-Suchen zuflüstern. Aber irgendwie hat der Osterhase gegenüber dem Christkind das Nachsehen. Jedenfalls, was die Gefühle und Sehnsüchte bei Kindern anbelangt. Ich würde Erwachsene da gar nicht völlig ausschließen. Hat es auch etwas mit der Jahreszeit zu tun? Wenn so ein Fest wie Weihnachten mitten in einer Jahreszeit aufscheint, die eigentlich wenig an Farbe, Licht und Lebendigkeit zu bieten hat? Und dann kommt im wahrsten Sinne des Wortes ein „Licht-Blick“! Ein lichtvolles Fest!

Ein Fest in der sowieso schon strahlenden Jahreszeit

Nicht umsonst hat die Licht-Symbolik eine so große und auch beliebte Bedeutung in dieser Zeit. Das Osterfest dagegen fällt in eine Jahreszeit und eine Natur, die – meistens jedenfalls – direkt explodiert an Wachstumskraft, an hervorbrechendem Leben, mit Blüten, Farben und Düften. Es bedarf eigentlich gar nicht so sehr der Unterbrechung einer Dunkelheit und Trostlosigkeit und der tröstlichen Bestärkung, dass es wieder heller und wärmer wird. Mag sein, dass für die unterschiedliche emotionale Verankerung dieser verschiedenen Feste auch solche Bedingungen eine Rolle spielen. Man könnte auch auf die Gemeinsamkeiten schauen. In vielen Familien sind diese Tage auch immer wie ein Kristallisationskern für Familienzusammenführung. Meist allerdings nicht in dieser zuweilen kritischen sensiblen Atmosphäre wie an Weihnachten, an denen es ja häufiger die familiären oder partnerschaftlichen Konfliktsituationen gibt. Ich habe schon auch Bilder vor mir, wie Eltern, Großeltern oder Tanten und Onkels mit verschränkten Armen auf der Terrasse stehen und mit leicht kindlich verklärtem Blick schmunzelnd auf die zappeligen Kinder schauen, die wie schnüffelnd durch den Garten irren auf der Suche nach den geheimnisvollen Osternestern. Ein wenig von der inneren Kinderseele wird da schon bei so manchem Vater lebendig, wenn er seinen ganzen Ehrgeiz einsetzt für ein ganz besonders kluges und kreatives Versteck.

Was aber das Osterfest auszeichnet ist ein ganz besonderes Wort: Auferstehung! Sicher hat es natürlich eine ganz besondere und tiefe Bedeutung für Menschen, die in der christlichen Tradition verankert und verwurzelt sind. Aber es ist auch für eine durchaus profane Gesellschaft ein sehr gängiges Wort. Was ist nicht schon alles auferstanden?! Da wird die unwahrscheinliche Tatsache, dass ein Fußball-Club, der eigentlich schon dem Abgesang des Liga-Abstieges übergeben war, als eine wunderbare Auferstehung eines Vereines gefeiert. In der Politik gibt es auch so manchen unerwarteten Auferstehér. In Zeiten von Landtags- und Bundestags-Wahlen würde es mich nicht wundern, wenn auch hier das Wort von „Auferstandenen" zu hören und zu lesen wäre. Geschweige denn im Feld der Unterhaltung, Kino und Theater! Schlager- und Filmstars, die schon abgeschrieben schienen, tauchen unerwartet mit einem neuen Hit, einer neuen Serie wieder wie Phönix aus der Asche auf.

Immer geht es um etwas, was man nicht mehr erwartet hat. Was eigentlich schon jeglicher Hoffnung entzogen war und unglaublich und unwahrscheinlich schien. Für mich persönlich ist der Gedanke an Ostern untrennbar verbunden mit einer Geschichte des Neuen Testamentes.

Der Gang der niedergeschlagenen Emmaus-Jünger

Sie hat mich von Anfang an ganz besonders berührt und berührt mich jedes Mal neu. Eigentlich ist es ein einziger Ausspruch darin. Diese Geschichte spielt sich eigentlich erst nach dem Ostereignis mit der Auferstehung Jesu ab. Sie ist nicht unbekannt. Es ist die sogenannte „Emmaus-Geschichte". Darin wird beschrieben, wie zwei Jünger von Jerusalem zu Fuß nach Emmaus heimkehren. Sie stehen für mich stellvertretend für alle die Menschen, die vom Schicksal so hart getroffen wurden, denen alle Hoffnung, alle Lebensträume zerstört sind. Die keine Perspektive mehr sehen. Sie hatten alle Lebenspläne auf diesen Jesus gesetzt, nun war er tot. Alles vorbei. Wie vielen Menschen geht es so! Und dann begegnen sie einem, den sie zuerst nicht erkennen. Und dieser geheimnisvolle Fremde bringt es tatsächlich fertig, diese Mutlosen und Verzweifelten aufzurichten, ihnen eine innere Auferstehung zu ermöglichen. Das ist für mich Auferstehung. Und dieses Wort, das diese beiden Gezeichneten bei dieser Erkenntnis sagen, ist für mich so berührend: „Brannte nicht unser Herz, als er so mit uns rede-te?" Wenn ich jemanden zu Ostern etwas wünschen möchte, dann dies: „Mögen Sie etwas erfahren, was ihr Herz entbrennen lässt!" In diesem Sinne: Frohe Ostern!

“

Ein wenig von der inneren Kinderseele wird da schon bei so manchem Vater lebendig, wenn er seinen ganzen Ehrgeiz einsetzt für ein ganz besonders kluges und kreatives Versteck.

16

MÄNNERFREUNDE? FEHLANZEIGE

Ein bedauerlicher Mangelzustand

16

MÄNNERFREUNDE? FEHLANZEIGE

Ein bedauerlicher Mangelzustand

Friedrich Schiller hat die Messlatte sehr hoch gelegt: In seiner Ballade „Die Bürgschaft“ hat er in unnachahmlich dramatischer Weise ein Denkmal für wahre „Männerfreundschaft“ aufgestellt. Erstaunlich war, dass in meiner langjährigen Männergruppe kaum einer dieses klassische Gedicht kannte. Sollte man eher froh sein, dass diese Männer damit auch nicht so konfrontiert und verunsichert werden, wie unterschiedlich ihre eigenen Erfahrungen in Fragen Männerfreundschaft seien im Vergleich mit diesen Helden in der Ballade?

Die letzten Worte aus Schillers Gedicht begleiten wohl aber doch viele ehemalige Schüler, die zumindest im Deutschunterricht dieser Lektüre nicht entkommen konnten, durch das Leben: „Und blicket sie lange verwundert an. Drauf spricht er: Es ist euch gelungen, ihr habt das Herz mir bezwungen, und die Treue, sie ist doch kein leerer Wahn, so nehmet auch mich zum Genossen an. Ich sei, gewährt mir die Bitte, in eurem Bunde der Dritte.“ Wie rührend, wenn ein so hartgesottener Tyrann sich durch das Erleben einer so tiefen Männerliebe nicht nur von seinem Todesurteil abbringen lässt, sondern zutiefst im Herzen erweicht wird und die eigene Bedürftigkeit erkennt.

Zwischen Kamerad, Kumpel und Sportsfreund

Wo Männer sich furchtlos und fast selbstzerstörerisch sogar in tödliche Gefahr um des anderen willen begeben, was kann da noch über eine wahre Männerfreundschaft hinausreichen! Vielleicht ist es nicht verwunderlich, dass in unserer heutigen Zeit diese Art wackerer Männerliebe nicht mehr ganz so euphorisch und romantisch angesehen wird. Zu sehr kommen da vielleicht Gedanken und Erinnerungen an Kriegskameraden und martialische Verbundenheit in Kampf und Kriegserlebnissen. Wie überhaupt das Wort „Kamerad“ nicht mehr so leicht zu befreien ist von der Erinnerung an ungute Zeitumstände und Missbrauch.

Was heute leichter über die Lippen geht, ist das Wort „Kumpel“ oder vielleicht auch „Sportsfreund“. An denen fehlt es den meisten Männern nicht. Aber wenn man in den Beratungsstunden immer wieder von so vielen Frauen die wehmütige Klage hört: „Mein Mann hat eigentlich niemanden, dem er wirklich auch so etwas sehr Persönliches, Intimes wie zum Beispiel auch schmerzliche Schwächen oder Bedürfnisse anvertrauen würde.“ Dann wird auch deutlich, dass die fehlenden Männerfreundschaften nicht allein das Problem und der Mangel der Männer sind, sondern sehr wohl auch die Ehepartnerinnen und Freundinnen betrifft. „Ich muss für meinen Mann alles ersetzen und für alles zuständig sein, ob Partnerin, Geliebte, einfühlsame Trösterin, Animateurin, Gespielin, Kumpel und bester Freund." Das kann niemand erfüllen. Schon allein um der Liebe und Fürsorge für ihre Partnerinnen sollten daher die Männer sich bemühen, wirkliche Freunde zu finden und nicht nur Kumpel zum Spaß und Zeitvertreib. Aber solche Worte bleiben „in den Wind gesprochen!" In so vielen Lebenssituationen und auch Schicksalen habe ich kaum eine Frau erlebt, die nicht von zumindest einer, wenn nicht mehreren Freundinnen erzählen konnte, mit der sie alles aussprechen und austauschen kann. Gerade in den Momenten von Trauer und Verlusten sind solche treuen und vertrauten Freundinnen so wertvolle Lebensstützen.

Manchmal hat man den Eindruck, dass dem leider so häufig anzutreffenden Mangel an wirklichen Männerfreundschaften eine gewisse Angst zugrunde liegen könnte. Hat es zu tun mit uralten Verhaltensmustern und psychischen Mechanismen gegenüber Erlebnissen oder Befürchtungen von Rivalität und Wettkampf? Wenn man in die Tierwelt schaut, könnte man leicht dazu neigen, dass diese bekannten Erscheinungsformen männlichen Balzverhaltens aus der menschlichen Männerwelt nicht so ganz verschwunden scheinen. Ist es so notwendig und fast lebensrettend, sich keine Blöße zu geben und nicht als schwach oder lebensuntüchtig dazustehen? Muss man unbedingt eine (unsichtbare) Rüstung tragen, wenn man mit anderen Männern zusammenkommt?

Ungeöffnete Schatztruhen voller Geheimnisse und Reichtum

Wenn man mit den Frauen über ihre Wünsche an ihre Männer redet, dann bekommt man sehr oft genau diese Formulierung zu hören. Sie haben oft den Eindruck, dass sogar ihnen gegenüber die Männer eine solche schützende Rüstung oder Mauer aufrechterhalten. Und welche Sehnsucht steckt eigentlich dahinter! Sowohl bei den Frauen wie bei den Männern selber – nur dass diese sich das selten offen eingestehen würden: nämlich sich im Wesentlichen, in der Tiefe der Seelen zu erfahren und zu begegnen.

Es sind wie ungeöffnete Schatztruhen, die voller Geheimnisse und Reichtum sind, und die eigentlich nur einen Schlüssel bräuchten: den Mut, zur eigenen Verletzlichkeit zu stehen; über alle Ängste und Befürchtungen hinweg den Schritt zu wagen, sich zu öffnen und dem großen Reichtum dieser Schatztruhen als wirklichen Lebensgewinn zu vertrauen.

17

DIE KRAFT DES ZUHÖRENS

Eine so wirksame Fähigkeit

17

DIE KRAFT DES ZUHÖRENS

Eine so wirksame Fähigkeit

„Hören Sie Ihren Patienten einfach genau zu. Und Sie werden bestimmt die richtige Diagnose erfahren!“ Diese schlichte und doch so ungemein wertvolle Ermahnung stammt von einer Hamburger Professorin einer Medizin-Fakultät, die ihren Studenten und angehenden Ärzten diesen so wirkungsvollen Wegweiser mit auf ihren zukünftigen Berufsweg geben wollte. So mancher Patient wäre sicher froh, wenn er öfter einem Arzt gegenübersitzen würde, der offensichtlich diesen Ratschlag nicht vergessen hat. Leider sind die Erfahrungen der meisten anders. Da wandern manchmal bereits die Hände des Mediziners schon über die Tastatur des omnipotenten Computers, noch bevor der Rat- und Hilfesuchende seine Schilderungen über Schmerzen und Beschwerden abgeschlossen hat. Oder der Rezeptblock wird gezückt und in den Drucker gelegt, während man noch so gerne genauer dargelegt hätte, was einem Kummer und Sorgen bezüglich der Gesundheit macht.

Es gibt immer weniger Räume, die uns ganz natürlich zur Ruhe führen

Nein, es geht nicht um generelle Arzt-Schelte oder das bekannte Jammern über eine wenig empathische und unzureichende Gesundheitsversorgung. Erstens war es noch nie sinnvoll und hilfreich, zu verallgemeinernd Analysen und Diagnosen von gesellschaftlichen Zuständen zu verbreiten. Und zum anderen sind unsere Ärzte genauso wie wir alle in eine Welt hineingestellt, in der immer weniger selbstverständlich Räume angeboten werden, die uns ganz natürlich zur Ruhe und zum stillen Zuhören führen würden. „Zeit ist Geld“, lautet so ein unbarmherziger Spruch. Und leider ist es nicht nur ein Spruch, sondern oft ein Lebenskonzept.

Es genügt ein bewusster und aufmerksamer Blick, wenn man zum Beispiel in einem öffentlichen Verkehrsmittel einmal rundumschaut. Die Anzahl der Mitfahrgäste, die nicht auf ein Handy starren oder mit einem Knopf und Kabel im Ohr mit merkwürdig abwesendem Blick in unbekannte Räume schauen, ist meist in der Minderheit. Man muss ja schon froh sein, wenn etwa eine jugendliche Gruppe sich gemeinsam über ihre Displays beugt und die Erfahrungen und Beobachtungen laut- und lustvoll austauscht. Aber wo bleibt da das bewusste und zugewandte Zuhören? In der Paartherapie ist es ein oft genutztes Mittel, die Paare darauf aufmerksam zu machen, wie sehr sie diese Fähigkeit des Zuhörens noch beherrschen oder eben zu wenig beachten. Die Regel dieser Übung dabei ist ganz schlicht. Die Partner werden aufgefordert, über irgendein Thema miteinander zu diskutieren. Der Unterschied zu den alltäglichen Diskussionen und Gesprächen besteht darin, dass jeder Partner, bevor er auf die Aussagen des anderen eingehen und antworten darf, zuerst möglichst wortwörtlich wiederholen muss, was der andere gerade gesagt hat. Es hört sich so einfach an. Aber ich empfehle jedem, das einfach einmal selber auszuprobieren. Tatsache nämlich ist, dass die meisten nicht in der Lage sind, ganz schlicht zu wiederholen, was sie gerade gehört haben. Manchmal nicht einmal sinngemäß.

Zuhören hört sich einfach an, ist es aber nicht

Wenn es nur um ganz banale und eher sachliche Themen geht, ist es schon nicht immer möglich, alles wiederholen zu können. Aber erst bei emotional belasteten Angelegenheiten ist es für die meisten nicht mehr nachvollziehbar. Warum? Weil wir beim Zuhören meist schon innerlich nach den ersten Worten in einer Art inneren Aufbaus einer Gegenargumentation sind. Die weiteren Worte oder gar die feineren Nuancen einer Meinung hören wir gar nicht mehr. Dies trifft vor allem auf Themen zu, die mit ganz bestimmten Reizworten versehen sind und oft mit Vorwürfen, Anklagen und Beschuldigungen zu tun haben. Die meisten Paare sind sehr erstaunt, wenn ein Außenstehender oder unbeteiligter Zuhörer, wie zum Beispiel der Therapeut, ihnen sachte erklärt, was sie eigentlich überhört oder falsch aufgenommen haben. Ich bin dankbar für eine Erfahrung, die mir bis heute so einprägsam verdeutlicht hat, wie ungemein wertvoll, ja sogar heilsam und befreiend das ganz bewusste und einfühlsame Zuhören ist. Es war in einem meiner ersten Einsätze in einer Nachtschicht bei der Telefonseelsorge. Man kann sich denken, dass die innere Anspannung und Erwartung schon entsprechend war, denn man kann ja nie wissen, was einem in so einer Nacht alles an Schicksalen, Hilferufen und Notsituationen begegnen wird. Tatsächlich rief eine Frau an, die mir ein so schicksalschweres Leben schilderte, dass mir buchstäblich die Sprache versagte. Es war einfach unglaublich, wie es einen Menschen so treffen kann, wie sich wahrlich die ganze Welt gegen sie verschworen hatte. Ich konnte darauf einfach nichts sagen, jedes Wort des Trostes wäre fast wie eine Verletzung gewesen, das versucht, etwas zu beschwichtigen. Nach einer guten halben Stunde, in der ich unfähig war, etwas zu sagen, und einfach nur zuhörte, verabschiedete sich die Frau mit den Worten: „Ich danke Ihnen ganz herzlich, dass Sie mir zugehört haben. Sie haben mir sehr geholfen!“

18

DIE BOTSCHAFT DER EISHEILIGEN

Retardierende Momente im Leben

18

DIE BOTSCHAFT DER EISHEILIGEN

Retardierende Momente im Leben

Es gibt bestimmte Namen, da kann einen das Frösteln überkommen. Nein, nicht weil diese Namen so ungeheuerlich, absurd oder abstoßend wären. Schon eher, weil sie mit bestimmten Erfahrungen eng verknüpft sind. Sicher können dabei auch ganz persönliche Lebens- oder besser Beziehungsgeschichten eine bedeutende Rolle spielen. Wer eine unglückliche Liebes-Affäre oder Enttäuschung durchgemacht hat, kann schon mal einen bestimmten Männer- oder Frauennamen nicht mehr hören wollen. Wenn aber von Pankratius, Servatius, Bonifatius und einer gewissen Sophie – sogar einer kalten Sophie – die Rede ist, dann hat das Frösteln weniger mit Enttäuschung oder Liebesleid zu tun, sondern mit wahrlich körperlich spürbarer Erfahrung. So recht geliebt ist dieses Quartett ja auch nicht unbedingt. Nun hat man endlich den sogenannten Wonne-Monat Mai erreicht, wahrscheinlich auch schon etliche richtig sommerliche Tage erlebt, und dann kommen diese unerwünschten Kälte-Boten daher und vermiesen einem die ganze Vorfreude auf Sonne und Wärme. Statt T-Shirt und luftiger Kleidung wieder die Winterklamotten ausgraben! Leider sind die Wetterregeln für diese Tage oder zumindest für diesen Zeitraum meist unerwünscht zuverlässig im Sinne von wirklich zutreffender Wetterverschlechterung, Kälte und Ungemütlichkeit.

Wieder einmal lehren uns die Volksmärchen

Wieder einmal gibt uns die Natur eine ungewollte Lehrstunde. Denn was hier eigentlich passiert, zeigt sich so vertraut ähnlich in anderen Lebensbereichen: Die Erfahrung, die wir so scheinbar unvermeidlich machen müssen, dass so gute und verheißungsvolle Wege hin zu etwas Schönem, Erfreulichen, wie in diesem Fall die wunderbaren Sommertage, immer wieder unterbrochen und ausgebremst werden. Interessanterweise haben unsere Volksmärchen in fast allen Geschichten diese markante Erzählstruktur. Da gilt es für einen mehr oder weniger tauglichen Helden eine gewisse Herausforderung zu meistern, um das gewünschte Ziel, meist die Liebe einer traumschönen Prinzessin, zu erlangen. Und fatalerweise passiert dann meist kurz vor dem Ziel etwas, das alles wieder auf den Kopf oder in Frage stellt. Erst wenn der Protagonist sich auch durch diese Verzögerung und Behinderung nicht entmutigen lässt und auch diese letzte Hürde überwindet, erreicht er tatsächlich und unwiderruflich das Sehnsuchtsziel. Volksmärchen enthalten immer die tiefen Wahrheiten unseres Lebens und sie machen einfach in einer Art Symbolsprache deutlich, was unser Leben ausmacht. Sie wollen letztendlich uns Mut machen und Vertrauen schaffen, dass Wege und Lösungen möglich sind, wenn man sich nicht von Vordergründigem abhalten lässt.

Selten gibt es nur geradlinige, störungsfreie Lebenswege

Es gibt noch ein anderes, so enorm ausdrucksstarkes Vergleichsbild für diese unterbrochenen Bewegungen. In der wunderschönen Kathedrale von Chartres stehen die Besucher immer wieder staunend und fasziniert vor einem großflächigen Bodenmosaik. Es zeigt eine beeindruckend harmonische und ästhetische Darstellung eines Labyrinths. In unzähligen Variationen wurde dieses Labyrinth in aller Welt nachgebildet, ob über Steinlinien oder geformte Hecken oder was auch immer an Materialien verwendet wird, um Menschen dazu zu bewegen, sich diesem Labyrinth ganz bewusst anzuvertrauen. Wer den Eingang dazu betritt, wird in schier endlosen Schleifen weitergeführt. Das Besondere daran ist, dass er immer wieder bis ganz nahe an den gesuchten inneren Kern dieses Mosaiks geführt wird, aber unmittelbar davor wieder abbiegen muss und wieder ganz davon weg an die Ränder geleitet wird. Und diese Erfahrung macht er immer wieder, bis er endlich wirklich am Zentrum ankommt. Für Besucher ist es jedes Mal ein Reiz, diesen Weg bis zum innersten Punkt zurückzulegen und dann wieder Schritt für Schritt zum Ausgang zurückzukehren. Es braucht nicht viel Phantasie, um hier die Parallelen zu unserem Leben, insbesondere auch zu unseren Beziehungsgeschichten zu finden. Viel zu selten erleben wir nur geradlinige, störungsfreie Lebenswege. Aber allein dieses Bewusstsein, vielleicht auch so ein Bild wie dieses Labyrinth im Kopf zu behalten, dass manche Wege verschlungen und nicht immer überschaubar sind, kann helfen, sich von Enttäuschungen nicht vorschnell abhalten zu lassen. Manche werfen, was Beziehungen anbelangt, zu früh die Flinte ins Korn. Die Eisheiligen lehren uns, nicht zu früh die zarten und empfindlichen Pflänzchen ins Freie zu bringen. Lieber noch geduldig abwarten, bis es an der Zeit ist und die Bedingungen für das Feine, Zarte sicherer werden. Braucht es da noch nähere Erläuterungen für die Liebe? Eines muss ich zugestehen. Es ist nicht immer leicht eine Unterscheidung zu finden zwischen Labyrinth und Irrgarten. Der Irrgarten hat nur Sackgassen. Aber da kann ich nur raten: Wer unbändiges Vertrauen hat, kann vielleicht aus einem vermutlichen Irrgarten durch Liebe ein Labyrinth entstehen lassen. Dies erfordert eine Eigenschaft: Durchhalten – mit Vertrauen!

“

Allein das Bewusstsein, dass manche Wege verschlungen und nicht immer überschaubar sind, kann helfen, sich von Enttäuschungen nicht vorschnell abhalten zu lassen.

19

VOM VERSCHWINDEN DES AUGENBLICKS

Unser Umgang mit der Zeit

19

VOM VERSCHWINDEN DES AUGENBLICKS

Unser Umgang mit der Zeit

Gibt es schönere und verlockendere Momente zum stillen Verweilen als jetzt in dieser Jahreszeit der sich entfaltenden Natur? Nur, wer nimmt sich wirklich diese Zeit und bleibt nicht nur beim Schwärmen darüber? Wer bleibt lange vor einer sich entfaltenden Blüte, einem tanzenden Schmetterling stehen und lässt alles um sich herum vergessen und im besten Sinne die Zeit einfach vergehen? Man würde ja gerne, aber erst muss man noch dies und das erledigen. Und Zeit ist Geld. Geschwindigkeit ist das erklärte Maß aller Dinge.

Immer mehr wird in immer kürzere Zeiteinheiten gepackt. Was ist die Folge? Es geht weniger um eine erfüllte als eine gefüllte Zeit. Hat das Lob der Langsamkeit heute noch eine Chance? Schnelligkeit und Kurzlebigkeit sind die zentralen Bausteine einer Marktwirtschaft, in der sich Zeit mit Geld übersetzt. Langsamkeit hat den Beigeschmack des Makels. Bedächtigkeit, innehaltendes Prüfen wird fast schon als Behinderung angesehen. In einer vertakteten Welt gilt dies schon als verdächtig.

Nichts geschieht außerhalb der Zeit

Politiker und Berufsfunktionäre hetzen von einer Veranstaltung zur nächsten und kommen dabei zu vielem, nur nicht zum Nachdenken. Den derartig gehetzten Stadtmenschen bezeichnet der Philosoph Paul Virilo als ortlosen „Passagier“. Er ist „ständig unterwegs, gerade vorbeigefahren, aber noch nicht eingetroffen“. Im Grunde ist er nicht anwesend, nicht an seinem Wesen, außerhalb seiner selbst. Den Dichtern und Philosophen obliegt es, uns stressgeplagten Zeitgenossen den Spiegel vorzuhalten und uns wieder in all dem Hin und Her eine Chance zum Nachdenken und zur Neujustierung zu gewähren. „Die Zeit ist ein sonderbar Ding“, so schreibt Hugo von Hofmannsthal. „Wenn man so hinlebt, ist sie rein gar nichts. Aber dann auf einmal, da spürt man nichts als sie. Sie ist um uns herum, sie ist auch in uns drinnen… Und zwischen mir und dir, da fließt sie wieder, lautlos wie eine Sanduhr!“ Die Zeit ist die zentrale Instanz unseres Lebens. Nichts geschieht außerhalb der Zeit. Wir gewinnen Zeit – durch Beschleunigung unseres Arbeitstempos, verlieren sie anschließend – durch Herumtrödeln oder falsche Entscheidungen, und manche versuchen sogar „die Zeit totzuschlagen“. Ein vergebliches Unterfangen. Der Zeit ist das nämlich wurscht. Das Verhältnis der Menschen zu Zeit und Schnelligkeit hat sich im Laufe der Menschheitsgeschichte gewandelt. Wir sind immer mehr zu Zeit-Messern, zu Zeit-Sparern und schließlich zu unterwürfigen Sklaven der Zeit geworden. Wer heute einen Augen-Blick auf die Armbanduhr wirft, um zu sehen, wie „spät" es ist, übersieht etwas anderes: Die Uhr hat unsere Vorstellung von Zeitabläufen völlig verändert. „Ihr habt die Uhren, wir die Zeit", so werden immer wieder Äußerungen zitiert, die wechselweise ganz unterschiedlichen menschlichen Kulturen zugesprochen werden. Egal, Tatsache ist, dass es uns wirklich nachdenklich machen sollte. Wie gehen wir mit unserer Zeit um? Zeit, die uns geschenkt wird.

Wo sich in früheren Zeiten die Menschen an den zyklischen Rhythmen der Natur, Tages- und Jahreszeiten, dem Lauf des Mondes, Geburt und Tod orientierten, haben wir messbare Daten und Zahlen gesetzt. Der Frühling begann eben nicht pünktlich und unveränderbar am 20. März um 11.47 Uhr, sondern als die Knospen der Birken sich zum ersten Blattgrün ausfalteten. Unschärfe und Reifen-lassen hieß die Grundordnung der Wahrnehmung.

Eine Beschleunigung bis hin zum rastlosen „Passagier"

„Eins, zwei, drei im Sauseschritt, eilt die Zeit, wir eilen mit" lästerte bereits Wilhelm Busch, aber nichts anderes ist die Geschichte der Neuzeit: eine zunehmende Beschleunigung sämtlicher Transportbewegungen bis hin zum rastlosen „Passagier" der Gegenwart. Moveo, ergo sum – ich bewege mich, also bin ich. So möchte man am ehesten unsere Grundhaltung im Leben benennen.

Angesichts solch eher düsterer Zeitanalysen möchte man wieder einmal ganz sachte und schlicht an die wunderbare kurze Geschichte aus dem „Kleinen Prinzen" von Antoine de Saint-Exupery erinnern. Als der Kleine Prinz auf einem der Planeten den emsigen Händler traf, der mit durststillenden Pillen handelte und damit prahlte: „Das ist eine große Zeitersparnis. Die Sachverständigen haben Berechnungen angestellt. Man erspart dreiundfünfzig Minuten in der Woche."

Und jedem zeitgeplagten Menschen würde ich gerne die so schlichte und gerade deshalb so tiefgehende Antwort des Kleinen Prinzen ans Herz legen: „Wenn ich dreiundfünfzig Minuten übrig hätte, würde ich ganz gemächlich zu einem Brunnen laufen…!"

> "
>
> *Manche versuchen sogar „die Zeit totzuschlagen". Ein vergebliches Unterfangen. Der Zeit ist das nämlich wurscht.*

20

PFINGSTEN – EIN AUFRUF

Wege zum Frieden

20

PFINGSTEN – EIN AUFRUF

Wege zum Frieden

Man darf getrost davon ausgehen, dass nicht jeder die eigentliche Herkunft und Bedeutung des Pfingstfestes kennt. Erfreuliche Doppelfeiertage, ja, mögliche günstigere Reisebuchungen, auch gut, aber sonst? Irgendwas mit Heiligem Geist? Kann sein.

Die Taube mit dem Olivenzweig: Ein großartiges Zeichen der Hoffnung

Was dann doch fast allen gemeinsam ist, ist die Verbindung zu einem geläufigen Symbol. Das Symbol der Taube. Unter diesem Zeichen können sich wohl die meisten zusammenfinden. Nicht nur überzeugte Friedensaktivisten kennen die Darstellung dieser Vogelart im Bild der Friedenstaube. Meist bekannt durch die geniale Grafik von Pablo Picasso. Und bekannt als internationales Symbol für weltweite Friedensbemühungen. Ein viel weiter zurückliegender Zusammenhang besteht in der biblischen Geschichte aus dem Alten Testament. Einigermaßen bibelkundige Zeitgenossen wissen, dass die Taube am Ende der Sintflut von Noah ausgesandt wurde, um die Kunde von der Rettung aus dieser Welt-Katastrophe der Menschheit zu bezeugen. Mit einem Olivenzweig im Schnabel kehrt die Taube zurück zur gestrandeten Arche Noah und bringt damit den Beweis mit, dass die Fluten wieder begrüntes Land freigegeben haben. Ein großartiges Zeichen der Hoffnung! Auch mit der Pfingsterzählung wird oft dieses Symbol der Taube verbunden. Dort wird zwar nicht direkt vom Heiligen Geist im Symbol der Taube berichtet, aber durch andere biblischen Texte wird immer wieder von diesem Geist in Gestalt einer Taube erzählt und daher ist dieses Bild auch hier gegenwärtig. Das Entscheidende an dieser Pfingstgeschichte ist, dass es von einer so ungeheuren Kraft spricht, die über Menschen kommt. Eben durch die Sendung dieses Heiligen Geistes. Über mutlose, niedergeschlagene und verzweifelte Jünger. Sie haben nach dem Verlust dieses Menschen Jesus, auf den sie alles gesetzt hatten und dem sie bedingungslos gefolgt sind, sich nun als Gescheiterte und Verlorene erlebt.

Wie sehr spricht dieses Bild nicht von so vielen Menschen auch in unserer Zeit, die am Rande stehen, abgeschoben, abgehängt und hoffnungslos überfordert sich dem Leben nicht mehr gewachsen fühlen. Biblische Geschichten sind für mich nicht bloße historische Erzählungen oder unglaubliche Wundergeschichten, sondern Aussagen über Grundwahrheiten und Deutungen unseres Lebens über alle Zeiten hinweg. So sehe ich auch in dieser Pfingstgeschichte einen Aufruf und eine Ermutigung, dem Leben zu trauen. Dass es Kräfte und Lebenssituationen gibt, die uns wahrhaft begeistern und mutig machen können. Dass kein Tal so tief ist, keine Verzweiflung so niederdrückend, als dass uns nicht unerwartete und ungeahnte Ereignisse und Geschehnisse herausführen könnten. Wir brauchen solche Geschichten und Erzählungen, um den Mut nicht zu verlieren. Gerade in einer Zeit, in der das, worauf die Friedenstaube uns hinweisen möchte, so gefährdet ist, brauchen wir glaubwürdige Wegweiser. Das kann das Pfingstfest mit seiner Geistsendung sein. Es ist ein neuer Geist, der Menschen aufeinander zugehen lässt, sich gegenseitig anerkennen lässt – auch in der Vielfalt der Kulturen. Pfingsten ist daher auch ein Fest des Hinausgehens über die eigenen Grenzen, des Verstehens und Verstehen-wollens trotz verschiedener Sprachen und Mentalitäten.

Eine gemeinsame Sprache der Gewaltlosigkeit

Ich hätte dazu eine Vision: Stellen wir uns vor, anstelle von unsinnigen Rüstungsausgaben würden all die vielen Gelder eingesetzt, um weltweit eine Bewegung in Gang zu bringen. In Schulen werden Kinder ausgebildet zu sogenannten Streitschlichtern. Von klein an erfahren sie kompetent über die Dynamiken von Konflikten und deren Verhinderung. Und ganz praktisch von dem, was Friedensforschung schon längst erkannt hat. Die besten von ihnen werden gefördert, auch wieder weltweit, um Stück für Stück für diplomatische Dienste, als Berater und Politiker ihres Landes weiter befähigt zu werden.

Man stelle sich vor, bei internationalen Treffen und politischen Veranstaltungen würden sich Menschen ganz unterschiedlicher Nationen und Kulturen begegnen, die alle mit den gleichen Erkenntnis- und Wissensgrundlagen ausgestattet sind. Über Entstehung und Vermeidung von Konflikten und deren Bedeutung für den Frieden in der Welt. Sie müssten sich gegenseitig nichts erklären oder diskutieren. Es wäre eine gemeinsame Sprache der Gewaltlosigkeit und der Sehnsucht nach Frieden. Was wäre das für eine Macht!

Sollte jemand das alles für eine aussichtslose und naive Illusion ansehen, dann empfehle ich ihm, etliche Werke und Berichte über die jahrelange Arbeit des amerikanischen Psychologen Marshall Rosenberg sich zu Gemüte zu führen. Wer es geschafft hat, mit dieser Methode der Gewaltfreien Kommunikation ganze Völkerstämme und Kriegsparteien, die jahrelang zutiefst verfeindet waren, wieder zur Versöhnung zusammen zu bringen, der bestätigt, dass aus einer Vision Realität werden kann. Dazu braucht man aber Kreativität und Überzeugung. Und Begeisterung.

21

FRIEDENSVISIONEN SIND MÖGLICH

Ein besonderer Mensch

21

FRIEDENSVISIONEN SIND MÖGLICH

Ein besonderer Mensch

Der Begriff „Achtsamkeit" ist fast in der Gefahr, zu einem Modewort zu werden. Allerorten kann man Hinweise zu entsprechenden Seminaren finden, in denen man Achtsamkeit lernen könne. Oder in ungezählten Büchern und Ratgebern erfahren, wie essenziell für das Leben diese eher spirituelle Haltung sei. Charakteristisch für diese geistige Orientierung ist die bekannte Geschichte über einen buddhistischen Meister, der einmal gefragt wurde, warum er trotz seiner vielen Beschäftigungen immer so glücklich sein könne. Seine schlichte Antwort darauf: „Wenn ich stehe, dann stehe ich, wenn ich gehe, dann gehe ich, wenn ich sitze, dann sitze ich, wenn ich esse, dann esse ich, wenn ich liebe, dann liebe ich …" Die Fragesteller dagegen: „Das tun wir auch, aber was machst Du darüber hinaus?" Er aber sagte zu ihnen: „Nein – wenn ihr sitzt, dann steht ihr schon, wenn ihr steht, dann lauft ihr schon, wenn ihr lauft, dann seid ihr schon am Ziel."

Unterwegs mit dem weltberühmten Dirigenten Daniel Barenboim

An diese Geschichte erinnerten mich die hochinteressanten Eindrücke, die ein Reporter über einen ganz besonderen Menschen in einem Magazin veröffentlichte. Er hatte von dem weltberühmten Dirigenten Daniel Barenboim die seltene Zustimmung bekommen, ihn über einige Monate begleiten und beobachten zu dürfen. Über einen Mann, den man getrost als rastlosenden Reisenden über den ganzen Globus bezeichnen könnte, schreibt er unter anderem: „Sein Leben ist eine Aneinanderreihung von Beschäftigungen, die er nacheinander, nie nebeneinander, in gespenstiger Konzentration ausführt: Wenn er raucht, dann raucht er. Wenn er schläft, schläft er, egal wann, egal wo; er hat das trainiert. Aufwachen kann er auf Knopfdruck… Wenn er spricht, wählt er jedes Wort bewusst. Wenn er isst, nimmt er sich Zeit, er kaut auffallend langsam und lange. Wenn er spazieren geht, geht er spazieren, nie würde er zwischendurch auf sein Handy schauen… Mühelos geht er in die Konzentration hinein und wieder heraus. Es kommt einem vor, als spaziere er durch ein Leben ohne Widerstände und Ängste…"

Wer nur ansatzweise dieses Leben in Hochgeschwindigkeit eines solchen Ausnahmetalents verfolgt, der versteht, dass solche außergewöhnlichen Leistungen nicht anders zu bewältigen sind als aus einer solchen Fähigkeit zur Konzentration. Zuweilen gleichzeitig Chef-Dirigent von mehreren weltberühmten Orchestern, reiht sich ein Auftritt weltweit nahtlos an den anderen. Bereits mit elf Jahren von dem Dirigenten Furtwängler als Jahrhundert-Talent entdeckt und beschrieben, zieht sich die Erfolgsspur seitdem durch die Weltgeschichte. Geboren 1942 als das Kind von jüdischen Auswanderern in Argentinien, mit vier Staatsbürgerschaften versehen und mehrere Sprachen fließend sprechend, wird er zum Weltbürger. Als einziger Mensch auf der Welt ist er Israeli und Palästinenser zugleich. Neben all seinen zahlreichen Talenten und Fähigkeiten ist wohl am meisten zu bewundern und anzuerkennen, dass er gerade auch aufgrund dieser besonderen Konstellation ein Zeichen setzte in einer Welt, die seit so vielen Jahren vergeblich nach Frieden und Versöhnung sucht. Auch dort, in Israel war er zuhause.

Er gründet 1999 zusammen mit dem Literaturwissenschaftler Edward Said ein außergewöhnliches Orchester, das er das West-Eastern Divan-Orchester nennt. Es bestand zeitweise aus 92 Mitgliedern, Juden, Moslems und Christen aus dem Nahen Osten, viele davon aus Israel und Palästina. Dieses Orchester ist zu seiner zweiten Familie geworden. Es ist seine realisierte Vision einer Mini-Zwei-Staaten-Lösung, die der großen Politik in der Welt zeigen soll, was möglich ist. Das Divan-Orchester ist Barenboims Herzenssache und eine politische Dauerprovokation. Bei seiner Gründung hatten 60 Prozent der Musiker noch nie in einem Orchester gespielt, 40 hatten noch nicht mal eines gehört. Heute ist der Divan ein Profi-Orchester, dessen Konzerte oft mehrfach mit Regierungsvertretern und der UNO abgestimmt werden. Auf Reisen wirken die Mitglieder wie auf einer Klassenfahrt, es ist eine familiäre Stimmung. Barenboim ist nicht nur bei den Proben, sondern auch im Flugzeug immer dabei.

Barenboims Bewunderung für moralische Integrität und schöpferisches Genie

Am 11. Juli 2012 tritt er mit diesem Orchester im Hof des Apostolischen Palastes der Sommerresidenz des Papstes in Castel Gandolfo auf. Der Papst, Benedikt XVI., hat Namenstag. Für Barenboim eine Ehre, aber auch eine gute Gelegenheit, ein paar Sponsoren glücklich zu machen. Er selbst bezeichnet sich nicht als religiös. Er fühlt sich jüdisch, achtet und respektiert die Mischung seiner religiösen Zugehörigkeit aus Tradition und Schicksal. „Eigentlich“, so sagt er, „gibt es nur zwei Dinge, die ich an Menschen bewundere: moralische Integrität und schöpferisches Genie.“ Entscheidend ist, was dieser Mann, neben seiner Genialität in der Musik, an Möglichkeiten von Toleranz, visionärer Kraft und wahrhaftem Bemühen um Verständigung und Frieden in der Welt aufgezeigt hat.

Wir bräuchten so dringend in unserer Zeit, eigentlich in jeder Zeit, solche Menschen.

22

VERLETZBAR, UND DESHALB GLÜCKLICH?

Eine wertvolle Schwäche

22

VERLETZBAR, UND DESHALB GLÜCKLICH?

Eine wertvolle Schwäche

Wer würde sich eigentlich freiwillig einem Schmerz aussetzen? Wahrlich eine rein rhetorische Frage! Wenn man nicht gerade mit masochistischen Tendenzen belastet ist, wird man doch zweifelsfrei alles tun, um Schmerzen zu vermeiden oder ihnen aus dem Wege zu gehen. Jedoch so sinnlos und ohne Grund scheint diese Frage gar nicht zu sein. Zum Beispiel, wenn man die Erkenntnisse einer gewissen Sozialwissenschaftlerin mit Namen Brené Brown ernst nimmt. Sie hat über zehn Jahre hinweg Tausende von Menschen interviewt zu den Themen „Scham und Verletzlichkeit". Und sie kam zu völlig überraschenden Ergebnissen, die unseren Blick auf unser Leben erheblich erweitern könnten. Alle Menschen, so ihre Analyse ihrer Gespräche, ließen sich nach dieser Untersuchung grundsätzlich in zwei Gruppen einteilen: zum einen die Menschen, die sich wertvoll und geliebt fühlen und die ein starkes Verbundenheitsgefühl zu anderen Menschen haben. Sie würden ein erfülltes Leben führen. Die andere Gruppe betreffen Menschen, die ständig um Liebe und Verbundenheit kämpfen müssen. Und die sich immerzu fragen müssten, ob sie gut genug sind.

Eigentlich möchte doch keiner von uns verletzlich sein

Und die wirklich überraschende Erkenntnis dabei war: Das, was die erste Gruppe im Kern von der anderen unterscheidet, ist ihre Verletzlichkeit. Die Menschen, die ein sehr erfülltes Leben führen, sind paradoxerweise auch diejenigen, die viel eher bereit sind, sich der Verletzlichkeit auszusetzen. Merkwürdig! Eigentlich möchte doch keiner von uns verletzlich sein. Eine gute seelische Hornhaut und Robustheit zu haben, scheint doch in unserer Gesellschaft die beste Voraussetzung zu sein, um durch alle Höhen und Tiefen des alltäglichen Lebens einigermaßen schmerzfrei und problemlos hindurch zu kommen. Wir zeigen lieber keine Schwäche und bitten nicht um Hilfe. Wir vermeiden Situationen, in denen wir auf Ablehnung stoßen könnten. Denn keiner von uns möchte enttäuscht werden oder sich abgelehnt fühlen. Am besten versuchen wir, unsere Verletzlichkeit zu verbergen und uns nichts anmerken zu lassen.

Zum Beispiel in der Liebe. Wer zuerst am eventuellen Beginn einer neuen Beziehung die bange Frage stellen würde: „Liebst du mich?", kann sich einer gewaltigen Enttäuschung aussetzen. Ja, schon allein die Überlegung, sich bei einer bestimmten beruflichen Stelle zu bewerben, kann die Gefahr heraufbeschwören, dass ich unter Umständen die kränkende Erfahrung machen muss, dass andere mir vorgezogen werden und ich nicht gut genug bin. Wo Neuland in unserem Leben auftaucht, sitzt auch die Angst, mit Ungewohntem und ungeahnten Herausforderungen konfrontiert zu werden. Und dann gibt es dieses so bekannte Sprichwort: „Wer nicht wagt, der nicht gewinnt!" Was macht es aus, dass Menschen sich trauen, den Mut zu haben und als Erstes zu sagen: „Ich liebe dich!" Oder die sich weiter der Herausforderung stellen, sich immer wieder zu bewerben, obwohl sie einige Absagen durchstehen mussten. Und sie haben kein Problem, andere um Hilfe zu bitten.

Dabei ist Verletzlichkeit für diese Menschen nicht schöner oder angenehmer als für die anderen. Aber sie wird eben auch nicht als etwas Unerträgliches empfunden. Diese Menschen sehen Verletzlichkeit einfach als einen ganz normalen und notwendigen Bestandteil des Lebens an. Und sie glauben, dass das, was sie verletzlich macht, letztendlich auch das ist, was sie als Menschen so authentisch, schön und liebenswert macht. Authentische Menschen werden als sehr wertvoll und sympathisch erlebt. Aber es braucht Mut, keine Frage! Und woher kommt die Kraft zu diesem Mut? Auch hier hat diese Sozialwissenschaftlerin eine wunderbare Erkenntnis gewonnen: „Verletzlichkeit ist zwar die Ursache von vielen Ängsten und Unsicherheiten. Doch scheinbar ist sie gleichzeitig auch der Geburtsort der Liebe, der Verbundenheit, der Freude, der Kreativität und des Glücks." Der wesentliche Unterschied zwischen den beiden Gruppen ist, dass die Menschen in der ersten Gruppe von ihrem Wert als Person überzeugt sind. Das ist das große Geheimnis dahinter. Das ermöglicht ihnen, sich so verletzlich zu zeigen. Denn sie glauben, dass sie es trotzdem wert sind, geliebt zu werden, obwohl sie nicht perfekt sind.

Verletzlichkeit als Voraussetzung für Wachstum und Reifung

So kann man auch Verletzbarkeit als einen wichtigen Teil unseres Lebens und unserer Persönlichkeit annehmen. Als eine wesentliche Voraussetzung für persönliches Wachstum und Reifung. Sicher können wir nicht einfach einen Schalter umlegen und von einer Sekunde auf die andere diesen Mut und diese Überzeugung in unser Leben implantieren. Aber wir können jeden Tag uns bewusst machen, dass wir nicht umsonst am Leben sind. Irgendetwas in unserer Lebensgeschichte hat uns bis zum heutigen Zeitpunkt geführt und uns ermöglicht, dass wir alles überstanden haben und nicht auf der Strecke geblieben sind. Mit allen Hürden und Tiefen. Das verdient Vertrauen und Anerkennung. Dass wir unsere eigene Lebensgeschichte anerkennen und wertschätzen. Wie ein Kind, das nicht übersehen werden möchte, trotz all seiner Unebenheiten und Unvollkommenheiten. Vielleicht kann daraus Mut erwachsen, aus der Anerkennung und Würdigung der Vergangenheit Vertrauen in die eigene Zukunft zu finden. Es kann in diesem Moment losgehen.

23

ÄNDERE DICH NICHT

Veränderungsbemühungen

23

ÄNDERE DICH NICHT

Veränderungsbemühungen

Die Zeit des Verliebtseins ist ein wunderbares Geschenk! Es ist eine traumhafte Vision. Eine Vision davon, was in einem Menschen an gewaltiger Liebeskraft stecken und geweckt werden kann. Ich freue mich über jeden und mit jedem Menschen, dem dieses Wunder widerfährt. Aus der Vision wird aber eine Illusion, wenn man glaubt, dass diese Zeit eine Art Dauerzustand wäre und als solche bewahrt werden könnte.

Wann endet dieser Zustand des Verliebtseins? Wenn der Anspruch beginnt. Der Anspruch an das, was der andere mir bitte geben oder sein müsste. Ich bezeichne gerne die Phase, die nach der Verliebtheit kommt, als die „Schnitzphase"! Man fängt an, an dem Partner herumzuschnitzen. So manche Kante und Unebenheit, die man bisher nicht oder nicht so auffallend bemerkt hat, sollte langsam oder etwas schneller begradigt und eingeebnet werden.
Paaren in dieser Phase versuche ich dazu in einem Bild das mögliche Ergebnis zu verdeutlichen: „Stellen Sie sich vor, Sie haben ein einmaliges kleines Stück eines Baumstammes vor sich. Mit ganz besonderen Aststümpfen, charakteristischen Unebenheiten und Einkerbungen, auch diversen Verletzungen in seiner Rinde. Es macht dieses Baumstück zu etwas Besonderem, das sich von anderen deutlich unterscheidet. Aber es ist nicht glatt, und vielleicht auch gar nicht so pflegeleicht! Und dann wird an diesem guten Stück so lange herumgeschnitzt, bis es glatt und eben ist. Wie unterscheidet sich dieses Unikat nun von so vielen Hundert anderen ganz ähnlichen Holzstücken mit ebenso „bereinigtem" Aussehen? Es erinnert an industriell angefertigte Holzpfähle. Meist ziemlich langweilig.

So sehr wir es auch wünschen, wir können den anderen nicht verändern

Der bekannte indische Jesuitenpater und spirituelle Lehrer Anthony de Mello hat dazu in seinem kleinen Bändchen mit Weisheitsgeschichten „Warum der Vogel singt" eine sehr eindringliche Geschichte erzählt: Jahrelang war ich neurotisch. Ich war ängstlich und depressiv und selbstsüchtig. Und jeder sagte mir immer wieder, ich sollte mich ändern. Und jeder sagte mir immer wieder, wie neurotisch ich sei. Und sie wurden mir zuwider, und ich pflichtete ihnen doch bei, und ich wollte mich ändern, aber ich brachte es nicht fertig, so sehr ich mich auch bemühte. Was mich am meisten schmerzte, war, dass mein bester Freund mir auch immer wieder sagte, wie neurotisch ich sei. Auch er wiederholte immer wieder, ich sollte mich ändern. Und auch ihm pflichtete ich bei, aber zuwider wurde er mir nicht, das brachte ich nicht fertig. Ich fühlte mich so machtlos und gefangen. Dann sagte er mir eines Tages: „Ändere dich nicht. Bleib, wie du bist. Es ist wirklich nicht wichtig, ob du dich änderst oder nicht. Ich liebe dich so, wie du bist. So ist es nun einmal." Diese Worte klangen wie Musik in meinen Ohren: „Ändere dich nicht, ändere dich nicht … ich liebe dich". Und ich entspannte mich, und ich wurde lebendig, und Wunder über Wunder, ich änderte mich! Jetzt weiß ich, dass ich mich wirklich ändern konnte, bis ich jemanden fand, der mich liebte, ob ich mich nun änderte oder nicht.

Was in dieser eher poetischen Sprache verdeutlicht wird, hört sich in der psychologischen und therapeutischen Version auch nicht viel anders an. Zahlreich sind die eher mahnenden und wegweisenden Äußerungen einschlägig erfahrener Paar- und Familientherapeuten. Lukas Michael Möller, eigentlich Psychoanalytiker, aber mit seinem Modell des Partner-Zwiegesprächs auch für die Paartherapie sehr bekannt geworden, meint: „So sehr wir es auch wünschen, wir können den anderen nicht verändern; er kann sich nur selbst verändern. Wir können glücklich sein, wenn es uns gelingt, uns selbst zu verändern. Dadurch entstehen andere Bedingungen in der Beziehung – größere Offenheit. Nur auf diesem Wege bewegen wir auch den anderen. Das Höchste, was ich einem Partner schenken kann, besteht darin, dass ich ihn würdige und achte. Das ist das Wichtigste. Und zwar so, wie er ist. Aber sobald der andere vom Partner verlangt, dass er sich ändern muss, dann ist der es seiner Würde schuldig, dass er so bleibt, wie er ist."

Nimm dich einfach an, wie du bist

Immer wieder geht es um die Wertschätzung. Das bedeutet, dass jeder den nicht ganz leichten Kraftakt vollbringen muss, aus eingefahrenen Denkmustern auszubrechen. Zu leicht sind wir in der Gefahr, das, was wir selber leben, glauben und meinen, für das Richtige zu halten. Eigentlich bräuchte es nur ein einziges kleines Wort zur Ergänzung, um sich bewusst zu machen, dass nicht nur wir selber richtig sind. Wenn wir ganz bewusst sagen würden: „Ich bin – auch – richtig!", dann würde deutlich: Es gibt nicht nur eine Wahrheit, nicht nur eine richtige Art zu denken, zu leben und zu sein. Andere sind einfach nur anders, nicht falsch, besser oder schlechter. Ich selbst auch nicht.
Am leichtesten gelingt diese Wertschätzung denen, die sich selber in guter Weise annehmen und akzeptieren können. Die weder einer Selbstüberschätzung und -erhöhung erliegen noch einer zu großen und destruktiven Selbstkritik und Selbstabwertung, sich selbst zu demontieren. Insofern könnte diese Empfehlung: „Ändere dich nicht!" für einen selbst bedeuten: Nimm dich einfach an, wie du bist. Und liebe dich selbst wie die anderen. Und siehe da…?!

24

AUGENBLICK – VERWEILE

Der Umgang mit Gegenwart und Zukunft

24

AUGENBLICK – VERWEILE

Der Umgang mit Gegenwart und Zukunft

So mancher Seufzer kommt etwas zu spät: „Ja wenn ich gewusst hätte, dass später doch alles gut wird, dann hätte ich mir doch viele Sorgen und schlaflose Nächte ersparen können!" Eigentlich steckt hinter solch einem Seufzer auch ein Stück Erleichterung. Es ist wider alle Erwartungen bzw. Befürchtungen gut ausgegangen! Ob eine Schul-Stress-geplagte Mutter im Nachhinein feststellen darf, dass der ach so faule und unmotivierte Sohn nun doch einen ordentlichen Schulabschluss und sogar eine solide Berufsausbildung erreicht hat. Oder körperliche Symptome sich letztendlich als harmlos und eben nicht lebensbedrohend herausgestellt haben.

Egal, man hätte es gerne schon früher gewusst, oder geglaubt. Nun sind ja, was die Reaktionen auf ungewollte, unerwünschte und meist unbekannte Ereignisse anbelangt, die Charaktere der Menschen doch recht unterschiedlich.

Die „Dieses-Mal-habe-ich-die-Prüfung-wirklich-versaut"-Typen

Wer kennt sie nicht, die Kameraden, die nach jeder Prüfungsarbeit in ihr allzu bekanntes Jammern und Lamentieren ausbrechen: „Aber dieses Mal habe ich wirklich alles falsch und bekomme bestimmt eine schlechte Note! Ganz bestimmt!" Um dann mit der gleichen Vorhersagbarkeit wieder einmal – „ach so überraschend!" – doch die beste Arbeit abgeliefert zu haben. Das Gegenteil sind Menschen, die allen Realitätssinn ignorieren und auch bei offenkundigem Versagen scheinbar unbeeindruckt an einer wundersamen Umwandlung ihrer Leistungen festhalten. Man weiß nicht, welche Sorte von Mensch man mehr bedauern oder beneiden möchte. Bei beiden aber geht es um das gleiche Thema: Wie verhalten wir uns in einer Situation, in der wir zu wenig Sicherheit und Vorhersagbarkeit haben. Wo wir vielleicht etwas vermuten, befürchten oder hoffen können, aber eben im Moment nichts zum weiteren Verlauf tun können.

Tatsache ist, dass wir nur selten ganz gesammelt und konzentriert nur auf den Augenblick schauen und nicht schon in Gedanken einige Schritte weiter sind Richtung Zukunft. Ein ganz konkretes Beispiel erfahre ich oft z.B. in der Arbeit mit chronischen Schmerzpatienten. Natürlich leiden sie enorm. Aber wenn ich oft solche Patienten befrage, wie es ihnen jetzt, genau in diesem Augenblick geht und wie sich die Schmerzen ím Moment anfühlen, und wie es für sie wäre, wenn das Ausmaß des Schmerzes so bleiben und nicht schlimmer werden würde, dann antworten erstaunlich viele: „Ja, wenn es so wie jetzt gerade bleiben würde, dann wäre ich ja schon zufrieden."

Tatsächlich aber sind wir fast immer in Gedanken schon einen Schritt voraus. Besonders natürlich in angstgeprägten Situationen und psychischen Zuständen. Gedanken wie „wenn das jetzt so weiter geht, wenn das noch schlimmer wird, wenn das sich nicht mehr ändert. Sie belasten die gegenwärtige Wahrnehmung. Natürlich ist es verständlich, dass wir uns Sorgen machen und nicht einfach den arbeitenden Computer in unserem Hirn auf „Pause" schalten können. Und wer kann schon völlig gelassen und unbesorgt sein, wenn es um so wichtige Dinge geht wie die Zukunft eines Kindes oder der eigenen Gesundheit. Aber das Hinschauen und ganz bewusste Wahrnehmen des gegenwärtigen Augenblicks, und damit auch all der momentanen Gefühle und Eindrücke, erfordert schon Mut. Es bedeutet nämlich, sich bewusster einem Gefühl der Hilflosigkeit zu stellen, insbesondere bei emotionalen und psychischen Anliegen. Als Schulpsychologe habe ich diese Erfahrung sehr oft gemacht, wenn Eltern gerade im schulischen Bereich unbedingt bei einem Kind etwas erzwingen wollten.

Eigentlich geht es mir im Augenblick gar nicht so schlecht

Vielleicht hilft es, sich drei Überlegungen vor Augen zu halten: Es gibt Dinge, da kann ich im Moment eben nicht wissen, wie es morgen, übermorgen, in der nächsten Zeit, in einem Jahr sein wird. Ängste und Sorgen verbauen da nur dieses Bewusstsein der Ungewissheit. Und ich kann zweitens auch im Moment gar nichts dazu tun, um für diese Zukunft jetzt etwas zu verändern. Und drittens kann es sein, dass ich gar nicht wahrnehme, wie es mir im Moment gerade wirklich geht. Wie bei den genannten Schmerzpatienten. Vielleicht würde ich bei unbefangener und gesammelter Wahrnehmung meiner gegenwärtigen Empfindungen und Gefühle erstaunt feststellen, dass es mir im Augenblick eigentlich gar nicht so schlecht geht. Dass ich mich vielleicht sogar wesentlich entspannter und gelöster fühle, wenn ich nur auf meine Gefühle und Wahrnehmungen hier und jetzt achten würde. In der Gestalttherapie wird dazu eine schöne und praktische Anregung geboten. Sich immer wieder etwas Zeit nehmen, vielleicht sogar mitten im Alltag, in der Arbeit, um nur im Hier und Jetzt sich auf seine Sinne zu konzentrieren. Was sehe ich gerade, was höre ich gerade, fühle, rieche, spüre ich jetzt, in diesem Moment. In ganz schlichter Form sich innerlich die Antwort zu formulieren. Und dann jeden dieser inneren Sätze mit diesem wunderbaren Standardschluss abschließen: „...und das ist genug!"

> *Tatsache ist, dass wir selten ganz gesammelt und konzentriert nur auf den Augenblick schauen und nicht schon in Gedanken einige Schritte weiter sind Richtung Zukunft.*

25

WEGWEISER IN SCHWEREN ZEITEN

Die Kraft und Geduld in Notzeiten

25

WEGWEISER IN SCHWEREN ZEITEN

Die Kraft und Geduld in Notzeiten

Die Kraft zu Geduld und Gelassenheit kann auch Grenzen haben. Und niemand muss sich deswegen mit Selbstvorwürfen zerfleischen, wenn er diese zermürbende Erfahrung macht. In Zeiten, in denen so viele Eltern in oft beengten Wohnverhältnissen für ihre Kinder all das allein leisten müssen, was ihnen sonst von Krippe, Kindertagesstätten oder Schulen abgenommen wird, ist es nur verständlich, dass irgendwann der Kragen platzt. Nicht jeder kann zum Pädagogen oder Lehrer berufen sein, soll aber plötzlich wochenlang diese Aufgaben übernehmen. Das muss zu Konflikten und auch manchmal Erschöpfung führen.

Da kann es vielleicht ein wenig hilfreich und ermutigend sein, eine Geschichte in aller Ruhe sich zu Gemüte zu führen, in der die amerikanische Kinderärztin, Schriftstellerin und Erzählerin Rachel Naomi Remen sanfte Wegweiser zur wunderbaren Wertschätzung für Kinder aufzeigt. Vielleicht hilft das, auch selber wieder ein wenig ruhiger zu werden und bei aller Elternpflicht zu erkennen, worauf es wirklich ankommt.

„Mein Großvater erzählte Gott etwas Echtes über mich“

In der Erzählung „Der Segen meines Großvaters“ aus dem Buch: „Aus Liebe zum Leben – Geschichten, die der Seele gut tun“ erzählt sie aus ihrem Leben:

„Wenn ich am Freitagnachmittag nach der Schule zu meinem Großvater zu Besuch kam, dann war in der Küche seines Hauses bereits der Tisch zum Teetrinken gedeckt. Mein Großvater hatte seine eigene Art, Tee zu servieren. (…) Diese Art, Tee zu trinken, gefiel mir. (…) Wenn wir unseren Tee ausgetrunken hatten, stellte mein Großvater stets zwei Kerzen auf den Tisch und zündete sie an. Dann wechselte er auf Hebräisch einige Worte mit Gott. (…) Wenn Großvater damit fertig war, mit Gott zu sprechen, dann wandte er sich mir zu und sagte: ‚Komm her, Neshumele.‘ Ich baute mich dann vor ihm auf, und er legte mir sanft die Hände auf den Scheitel.

Dann begann er stets, Gott dafür zu danken, dass es mich gab und dass Er ihn zum Großvater gemacht hatte. Er sprach dann immer irgendwelche Dinge an, mit denen ich mich im Verlauf der Woche herumgeschlagen hatte, und erzählte Gott etwas Echtes über mich. Jede Woche wartete ich bereits darauf, zu erfahren, was es diesmal sein würde. Wenn ich während der Woche irgendetwas angestellt hatte, dann lobte er meine Ehrlichkeit, darüber die Wahrheit gesagt zu haben. Wenn mir etwas misslungen war, dann brachte er seine Anerkennung dafür zum Ausdruck, wie sehr ich mich bemüht hatte. Wenn ich auch nur kurze Zeit ohne das Licht meiner Nachttischlampe geschlafen hatte, dann pries er meine Tapferkeit, im Dunkeln zu schlafen. Und dann gab er mir seinen Segen und bat die Frauen aus ferner Vergangenheit, die ich aus seinen Geschichten kannte – Sara, Rahel, Rebekka und Lea – , auf mich aufzupassen.

Diese kurzen Momente waren in meiner ganzen Woche die einzige Zeit, in der ich mich völlig sicher und in Frieden fühlte. In meiner Familie von Ärzten und Krankenschwestern rang man unablässig darum, noch mehr zu lernen und noch mehr zu sein. Da gab es offenbar immer noch etwas mehr, das man wissen musste. Es war nie genug. Wenn ich nach einer Klassenarbeit mit einem Ergebnis von 98 von 100 Punkten nach Hause kam, dann fragte mein Vater: ‚Und was ist mit den restlichen zwei Punkten?‘ Während meiner gesamten Kindheit rannte ich unablässig diesen zwei Punkten hinterher. Aber mein Großvater scherte sich nicht um solche Dinge. Für ihn war mein Dasein allein schon genug. Und wenn ich bei ihm war, dann wusste ich irgendwie mit absoluter Sicherheit, dass er Recht hatte.

Mein Großvater starb, als ich sieben Jahre alt war. Ich hatte bis dahin nie in einer Welt gelebt, in der es ihn nicht gab, und es war schwer für mich, ohne ihn zu leben. Er hatte mich auf eine Weise angesehen, wie es sonst niemand tat, und er hatte mich bei einem ganz besonderen Namen genannt – ‚Neshumele‘, was ‚geliebte kleine Seele‘ bedeutet. Jetzt war niemand mehr da, der mich so nannte.

Einmal gesegnet worden zu sein, heißt, für immer gesegnet zu sein

Zuerst hatte ich Angst, dass ich, wenn er mich nicht mehr sehen und Gott erzählen würde, wer ich war, einfach verschwinden würde. Aber mit der Zeit begann ich zu begreifen, dass ich auf irgendeine geheimnisvolle Weise gelernt hatte, mich durch seine Augen zu sehen. Und dass einmal gesegnet worden zu sein heißt, für immer gesegnet zu sein.“

Dieser wunderbaren Geschichte braucht es kein überflüssiges Wort hinzuzufügen. Allein die letzten Sätze sind so wertvoll, dass es keiner weiteren Erklärung oder Bestätigung bedarf. So wünsche ich allen geplagten und bemühten Eltern ein Stück Kraft zu Geduld, Gelassenheit und Gottvertrauen für Optimismus für den weiteren Weg in die Zukunft.

26

FRIEDEN DURCH ZUFRIEDENHEIT

Wege zum inneren Frieden

26

FRIEDEN DURCH ZUFRIEDENHEIT

Wege zum inneren Frieden

Die folgende Geschichte könnte eigentlich jedem Perfektionisten die Haare zu Berge stehen lassen oder aber ihn in heftigste Panik stürzen. Gerade aber für Menschen, die schon bei kleinsten Unregelmäßigkeiten in der keimfreien Wohnung oder am völlig frei geräumten Schreibtisch in Unruhe und Aktionismus verfallen, könnte sie durchaus heilsam sein. Und diese Heilungsansätze wären manchmal so notwendig, für die Perfektionisten selber und auch für ihre Umgebung. Denn die Nähe zu Zwängen und Depressionen ist leider bei diesen Eigenschaften nicht so selten.

Die buddhistischen Tempel in Japan sind wegen ihrer Gärten berühmt. Vor vielen Jahren gab es einen Tempel, der die schönsten Gärten weit und breit aufwies. Er zog Besucher aus dem ganzen Land an, die seine überaus gepflegten Anlagen bewunderten, die in ihrer Einfachheit so reich und üppig wirkten. Eines Tages kam ein alter Mönch zu Besuch. Da er herausfinden wollte, weshalb ausgerechnet dieser Garten als der eindrucksvollste von allen galt, versteckte er sich hinter einem großen Busch, von dem aus er einen guten Überblick über das ganze Gelände hatte.

Mit kontrollierter Akribie zur zufriedenstellenden Perfektion?

Er beobachtete einen jungen Mönch, der mit zwei Körben aus dem Tempel kam, und sah zu, wie der junge Mann drei Stunden lang jedes Blatt und jedes Zweiglein aufhob, die vom ausladenden Pflaumenbaum in der Mitte des Gartens gefallen waren. Jedes dieser Stücke nahm der junge Mann in die Hand, betrachtete es nachdenklich und untersuchte es gründlich. Wenn es ihm gefiel, legte er es sorgsam in einen Korb. Fand er es nutzlos, warf er es in den Abfallkorb. Nachdem er über jedes Blatt und jeden Zweig nachgedacht und den Inhalt des Abfallkorbs auf den Komposthaufen hinter dem Tempel geleert hatte, machte er eine Pause.

Er trank Tee und stellte sich geistig auf die nächste Phase seiner Arbeit ein. Danach verbrachte der junge Mönch drei weitere Stunden, in denen er sorgsam und voller Aufmerksamkeit jedes erwählte Blatt und jeden Zweig an genau der richtigen Stelle im Garten verteilte.Wenn ihm die Lage eines Zweigs nicht gefiel, drehte er ihn um oder bewegte ihn ein wenig nach rechts oder links, bis er sich mit einem zufriedenen Lächeln dem nächsten Blatt zuwandte, das dann auch seiner Form und Farbe entsprechend einen Platz im Garten fand. Sein Sinn für jedes Detail war unnachahmlich.

Da kam der Alte hinter dem Busch hervor. Mit zahnlückigem Lächeln gratulierte er dem jungen Mönch: „Großartige Arbeit! Wirklich großartig! Sehr eindrucksvoll! Ich habe dich den ganzen Morgen lang beobachtet. Dein Fleiß verdient das allerhöchste Lob. Und dein Garten ... nun, er ist nahezu perfekt." Der junge Mönch erblasste. Sein Körper versteifte sich, als hätte ihn ein Skorpion gebissen. Das selbstzufriedene Lächeln wich aus seinem Gesicht und verschwand im großen Abgrund des Nichts. Alten grinsenden Mönchen sollte man in Japan immer mit äußerster Vorsicht begegnen! „Was meinst du damit", stotterte er ängstlich. „Was meinst du mit NAHEZU perfekt?"

Der alte Mönch schritt langsam zur Mitte des Gartens, ein schelmisches Grinsen breitete sich in seinem Gesicht aus. Er legte seine betagten, aber immer noch kräftigen Arme um den blätterreichen Pflaumenbaum. Mit dem Gelächter eines Heiligen rüttelte und schüttelte er den Baum, was das Zeug hielt. Blätter, Zweige und Rindenstücke fielen herab und verteilten sich überall, doch der alte Mann schüttelte weiter. Als nichts mehr herunterkam, hörte er endlich auf. Der junge Mönch sah entgeistert zu. Der Garten war ruiniert, die Arbeit eines ganzen Morgens zunichte gemacht. Am liebsten hätte er den Alten erwürgt.

Der aber blickte um sich und bewunderte sein Werk. Mit einem Lächeln, das jeden Zorn dahinschmelzen ließ, sagte er sanft zu dem jungen Mann: „Jetzt erst ist dein Garten wirklich perfekt."
(Aus: „Sinnige Geschichten", Verlag in der Aue.)

Wahrheiten auf- und Botschaft annehmen

Geschichten zum Schmunzeln sind oft hilfreicher und heilsamer als nüchterne, direkte moralische Anweisungen und Empfehlungen. Sie lassen jedem den Raum, diese Wahrheiten auf ganz eigene Weise aufzunehmen und ihre Botschaft vielleicht auch anzunehmen. Die wesentliche Aussage dieser amüsanten Erzählung beinhaltet eine so klare Wahrheit: Wem es gelingt, das Leben, wie überhaupt unsere Welt, so anzunehmen, wie sie halt nunmal ist, der hat die größte Chance, Zufriedenheit und damit wirklichen Frieden zu finden. Stattdessen glauben die meisten, wahre Zufriedenheit könnte man erst dann erreichen, wenn das Leben so wird, wie man es sich eigentlich vorgestellt hat. Leider scheint unser Leben und unser Schicksal wenig Wert auf unsere Vorstellung zu legen. Jedenfalls nicht immer.

> “
>
> *Wem es gelingt, das Leben, wie überhaupt unsere Welt, so anzunehmen, wie sie halt nun mal ist, der hat die größte Chance, Zufriedenheit und damit wirklichen Frieden zu finden.*

27

VON DER LAST DES LEBENS

Wege aus der Schwere zur Stärke

27

VON DER LAST DES LEBENS

Wege aus der Schwere zur Stärke

Bitte keine Versuche mich zu trösten! Stummer, oft gequälter Aufschrei mancher vom Schicksal schwer Getroffenen! Wer viel mit Trauernden arbeitet, erfährt dies immer wieder. Trostversuche können manchmal mehr verletzen als helfen. Bevor man versuchen will, jemanden mit Worten zu trösten, der zum Beispiel einen lieben Menschen verloren hat, sollte man lieber es aushalten zu schweigen, aber da zu sein. In bestimmten Phasen der Trauerzeit wirken alle Versuche, jemandem Trost zuzusprechen, als ob man das schlimme Geschehene verharmlosen oder verkleinern möchte.

Es kommt oft aus der eigenen Angst der Anderen, es nicht mit der Trauer und dem Schmerz und dem Trauernden aushalten zu können. Da gibt es nur eines: Anerkennen, dass es einfach so furchtbar ist und nichts trösten kann. Jetzt jedenfalls nicht. Da braucht es Menschen, die die Stille und Hilflosigkeit aushalten, und wenn sie helfen wollen, dann in ganz praktischen Dingen. Etwas zu essen herrichten, einkaufen, Organisation übernehmen etc. Es geht nicht nur um Todesfälle, überhaupt um Lebenssituationen, in denen für jemanden etwas so plötzlich zerstört, abgebrochen oder beendet ist. Egal, ob es um eine Beziehung geht oder um eine einmalige Chance, eine Krankheit oder ein völliges Zusammenbrechen einer Lebensvision. Manche sind dann wie gelähmt, unfähig, über die weitere Zukunft nachzudenken. Wie soll es jetzt weitergehen? Was hat das alles noch für einen Sinn? Es ist durchaus verständlich, und es ist auch nicht falsch, wenn Angehörige, Freunde, Partner oder einfach mitfühlende Menschen da Trost geben und Mut machen wollen. Aber auch hier gilt wie in vielen Lebenssituationen der Bibel-Spruch aus dem Alten Testament, dem Buch Kohelet: „Alles hat seine Zeit!" Natürlich brauchen Menschen nach solchen Erlebnissen wieder Boden unter den Füßen und etwas Mutmachendes. Aber da müssen die Worte und der gute Moment sorgfältig abgewogen werden. Am ehesten glaubwürdig sind Mitmenschen, die aus eigener, oft leidvoller Erfahrung sprechen können. Sie sind auch der lebendige Beweis, dass und wie es weitergehen kann, auch nach Jahren. Deshalb sind auch für viele solche Selbsthilfegruppen von Gleich-Betroffenen oft hilfreich. Und erst im Nachhinein, im größeren Abstand, darf man so etwas wagen wie die Frage oder Überlegung, was der Schicksalsschlag oder die Enttäuschung oder das Scheitern und die Last bewirkt haben. Vielleicht auch im Guten, in der Herausforderung und der Notwendigkeit, der man sich stellen musste.

So mancher völlig niedergeschlagene Partner, der von einer Trennung wie aus heiterem Himmel überrascht und getroffen wurde, konnte mit dem Abstand von dem unfassbaren Ereignis mehr und mehr erkennen und auch annehmen, dass er wieder zu größerer Selbstständigkeit und Eigenverantwortung gezwungen war. Und dadurch auch wieder mehr Freiheit und Lebendigkeit gefunden hatte. Dass sich wieder mehr Türen im Leben geöffnet haben, für Kontakte, eigene Interessen und Lebensweisen. Diese Voraussicht durfte man ihm aber nur sehr vorsichtig und behutsam andeuten. Aber viele haben es im Nachhinein bestätigt und betont, dass es schon wichtig war, ihnen das so sachte und Stück für Stück als Zukunftsperspektive nahezubringen.

Im Leben lernen wir unsere größten Lehren und unsere stärksten Fähigkeiten oft da, wo wir es freiwillig und aus eigener Überzeugung nie machen würden. Weil wir es ahnen oder wissen, dass es zu viel Kraft, Schmerz und Ängste kosten würde. Und wer wird sich schon freiwillig Schmerz und Ängsten stellen. Aber mit solcher Erkenntnis oder Erfahrung, oder aber im größeren Abstand, sind wir vielleicht auch eher geneigt, uns solche eigenen Gedanken oder aber in Gesprächen mit vertrauten und vertrauenswürdigen Freunden und Mitmenschen solche nachdenklichen Überlegungen anzuschauen. Dazu gibt es auch schöne und hilfreiche Geschichten. Nicht unbekannt ist sicher auch die folgende, über deren Ursprung wenig bekannt ist.

„Ein alter Beduine war krank und zweifelte am Sinn des Lebens. Eines Tages kam er in einer Oase an einem kleinen, noch jungen Palmbaum vorbei. Frustriert und deprimiert wie er war, nahm er einen dicken Steinbrocken und legte ihn der jungen Palme mitten auf die Blattkrone und dachte gehässig: Soll auch sie sehen, wie sie damit fertig wird. Die junge Palme versuchte, die Last abzuwerfen. Sie wiegte sich im Wind und schüttelte ihre jungen Wedel. Doch – vergebens.

Im Gegenteil: „Ich muss dir danken!"

Also begann sie tiefer und fester in den Boden zu wachsen, um stärker und kräftiger zu werden. Und wirklich: Ihre Wurzeln erreichten neue Wasseradern. Die Kraft des Wassers aus der Tiefe und die der Sonne vom Himmel machten sie zu einer außerordentlich starken Palme, die auch den Stein im Weiterwachsen mittragen konnte. Nach Jahren kam der alte Beduine wieder, um nach dem Baum zu sehen. Da sah er eine besonders hochragende Palme und in der Krone trug sie den Stein. Und wie sie sich im Wind neigte, schien sie ihm zu sagen: „Ich muss dir danken! Die Last hat mich über meine Schwäche hinauswachsen lassen."

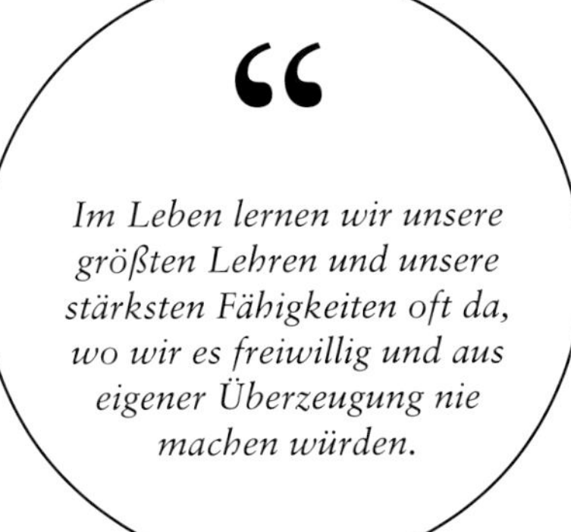

28

DIE WÜSTE IST SCHÖN

Die Kunst, verborgene Schönheiten zu sehen

28

DIE WÜSTE IST SCHÖN

Die Kunst, verborgene Schönheiten zu sehen

Die Wüste ist schön" – Dieses schlichte Wort aus einem meiner Lieblingsbücher „Der Kleine Prinz" von Antoine Saint-Exupery berührt mich immer wieder. Warum? Es ist die so wundersam tiefgründige und achtsame Erklärung, die der Kleine Prinz seinem Gesprächspartner für diese Sichtweise gibt. „Es macht die Wüste schön, dass sie irgendwo einen Brunnen birgt." Und dann folgen Worte, die mich als Paartherapeut gerade in der Erinnerung an so viele Paarschicksale sehr nachdenklich und auch wehmütig machen: „Als ich ein kleiner Knabe war, wohnte ich in einem alten Haus, und die Sage erzählte, dass darin ein Schatz versteckt sei. Gewiss, es hat ihn nie jemand zu entdecken vermocht, vielleicht hat ihn auch nie jemand gesucht. Aber er verzauberte dieses ganze Haus. Mein Haus barg ein Geheimnis auf dem Grunde seines Herzens…"

Schätze muss man nicht gleich finden, aber vermuten

Ich sehe bei diesen Worten nicht bloß Wüsten oder Häuser. Ich sehe Menschen vor mir. Partner und Paare, die nicht in der Lage waren, diese Schätze in sich selbst, im anderen und in ihrer Beziehung zu sehen oder zumindest zu vermuten. „Ja", sagte der Kleine Prinz, „ob es sich um das Haus, um die Sterne oder um die Wüste handelt, was ihre Schönheit ausmacht, ist unsichtbar!" Es gibt Phasen im Leben von Menschen, da sehen sie diese verborgenen Schätze und Schönheiten. Und sie müssen sich dazu kein bisschen anstrengen. Für Verliebte ist die Wüste schön! Und auch wenn viele Experten behaupten, dass verliebte Menschen im Hormonrausch einfach blind sind, die Realität eines Gegenübers, seinen „wahren" Charakter wirklich zu sehen, ich bleibe der Meinung, dass sie etwas von diesen verborgenen Schätzen im anderen erahnen, erspüren. Eine Ahnung von dem Schatz, der in Beziehungen liegen kann. Eine Ahnung von dem, was man selbst und der Partner im Leben an Potentialen hat. Und das aus irgendwelchen Gründen bisher oder nicht mehr gelebt werden kann. Irgendwie geht meist im weiteren Verlauf von Beziehungen eine Art Vorhang zu. Im Blick ist mehr und mehr das Vordergründige, das Offensichtliche, der Alltag, die Wüste. Dann ist diese feine Ahnung und der faszinierende Glaube, dass da im Grunde des Herzens ein Schatz sein muss, verschüttet unter Alltagslasten.

In früheren Sonntagsgedanken habe ich auf ein Modell hingewiesen, dass ich im Zusammenhang mit dieser Paarthematik gerne verwende. Es geht darum, Paaren einprägsam zu zeigen, wie unterschiedlich sie sind, wie wenig sie im Grund voneinander wissen. Dazu zeige ich ihnen ganz schlicht zwei Stofftiere, die sich gegenübersitzen: Einen Stoffhasen und eine Stoffschildkröte: Tiere, die ich spontan so gewählt habe, ohne besondere Symbolik. Das Entscheidende dabei ist, dass es so offenkundig zwei völlig verschiedene Wesen sind. So offenkundig sehen es Partner leider meist nicht. Immer wieder das gleiche Spiel: Man versucht, den anderen sich gleich zu machen oder zumindest zu glauben, dass er genauso denken, fühlen und handeln muss wie man selber.

Im Modell aber versuche ich sehr deutlich zu machen, dass der Hase zur Schildkröte sagen muss: Ich bin ein Hase und habe keine Ahnung von Schildkröten. Und umgekehrt gilt dies genauso. Es klingt so banal. Aber es ist eine Tatsache, dass Partner sich auch im Laufe einer langen gemeinsamen Lebensgeschichte nicht unbedingt immer besser kennenlernen. Zumeist glauben sie es nur. Was zunimmt, ist die Überzeugung, dass man den anderen nun ja zur Genüge kennt. Je länger man zusammenlebt, umso schwieriger wird es, sich von eingefahrenen Meinungen, Schablonen und Vorurteilen über den anderen zu lösen und zu befreien. Genau das ist diese tiefe Bedeutung der Worte des Kleinen Prinzen. Wie kann es Menschen gelingen, gerade auch in längeren Lebensgeschichten, immer wieder zu dieser Achtsamkeit und liebevollen Neugierde zu kommen. Was ist im Anderen verborgen, das ich nicht kenne, das er vielleicht selbst nicht bewusst kennt. Welche tiefen Sehnsüchte, Träume und Wünsche nach der Entfaltung von tief verborgenen Fähigkeiten, Eigenschaften und Möglichkeiten? Welche vergrabenen Erfahrungen, Erlebnisse und auch Wunden schlummern in der Tiefe?

Bewusst anschauen, bewusst wahrnehmen, neu betrachten

Ich mache mir keine Illusion, dass solche Gedanken und Überlegungen im Alltag von Partnerschaften leicht umgesetzt werden können. Es braucht sicher auch vom Äußeren her eine ganz besondere Atmosphäre, wie etwa im Urlaub, in entspannter Freizeit, bei der auch etwas von der Verliebtheit wieder auftauchen kann. Wo man wirklich den anderen wieder ganz bewusst anschaut, ihn wahrnimmt, ihn beobachtet, als ob man ihn noch gar nie richtig so genau betrachtet hätte. Und wo man sich wirklich öffnet für dieses Wort des Kleinen Prinzen, dass allein die ernsthafte Vermutung, hier könnte ein Schatz verborgen sein, eine ganz andere Achtung und geheimnisvolle Aura für dieses Haus oder eben für diesen Menschen entstehen lässt. Welch eine Wertschätzung! Was könnte es aus einem anderen Menschen an besonderen Kräften wecken, wenn er spürt, was in ihm vermutet wird. Ein bisschen Humor kann dabei gewiss auch nicht schaden, wenn man an so manch verunglückten Versuch eines Paares denkt, bei dem die Frau zum Mann sagt: „Ich liebe dich, wie du bist… ich wollte nur, du wärst anders!“

Manchmal ist diese feine Ahnung und der faszinierende Glaube, dass da im Grunde des Herzens ein Schatz sein muss, verschüttet unter Alltagslasten.

29

LERNFELD URLAUB

Urlaubserfahrungen

29

LERNFELD URLAUB

Gedanken über Urlaubserfahrungen

Urlaub steht bei vielen vor der Türe! So schön das Wort klingt, so sind doch nicht für alle die gleichen Gefühle und die gleichen Erwartungen damit verbunden. Was soll der Urlaub nicht alles leisten?! Verreisen oder zu Hause bleiben? Entspannen oder Erlebnis-Tour? Endlich mal raus aus den engen heimischen vier Wänden.

Die einen wollen möglichst im Urlaub das Gewohnte um sich haben, egal in welchem Land, vom typisch deutschen Essen angefangen, bis hin zum geordneten und strukturierten Tagesablauf und möglichst auch nur ja mit der heimischen Sprache bedient werden. Schwierig wird es vor allem, wenn sich die unterschiedlichen Vorstellungen und Erwartungen an einen gelungenen Urlaub innerhalb einer Familie oder Partnerschaft zeigen.

Alles in den Urlaub packen, was man zu Hause nicht hat

Sich im Urlaub wie zu Hause zu fühlen, scheint nicht für jedermann das erstrebte Ziel zu sein. Das Gegenstück dazu sind Urlaubsintentionen, in denen möglichst alles anders sein sollte als zu Hause, in denen all das hineingepackt wird, was man eben in der Zeit zwischen den Urlauben nicht erleben und verwirklichen kann. Mag sein, dass das für den einen oder anderen wirklich der perfekte Urlaub ist und gar nicht als Stress oder Hektik empfunden wird. Eher der alternative Kick. Das ganz Andere gegenüber dem Alltag und der Arbeitswelt. Es kann aber auch sein, dass so ein vollgepfropfter Urlaubstrip für manche etwas Gutes haben kann, gerade deshalb, weil ihnen wider Erwarten am Schluss doch alles zum Hals heraushängt und sie nichts lieber wieder haben möchten als ihren gewohnten und ach doch so geordneten Alltagsablauf. Eine sehr humorvolle Geschichte, die wohl aus der Tradition der jüdischen Rabbigeschichten stammt, könnte so ein Vademecum für die nahende Urlaubsplanung sein.

Ein sehr armer Mann kam zum Rabbiner: „Es ist schrecklich, Rebe, ich bin unglücklich wie Hiob. Ich, mein Weib, meine vier Kinder und meine Schwiegermutter leben in einem Zimmer.“ Fragte der Rabbi: „Hast du Hühner?“ – „Ja, vier.“ „Nimm sie herein ins Zimmer“. Der Mann wagte nicht zu widersprechen. Nach einer Woche kam er zum Rabbi und sagte: „Es ist noch schrecklicher. Die Hühner machen alles dreckig. Eins hat gepickt den Säugling, mein Weib hat sie gejagt über die Betten.“ Der Rabbi fragte: „Hast du ein Kalb?“ Und als der Mann ängstlich nickte, sagte er: „Nimm das Kalb herein ins Zimmer." Nach vier Tagen kam der Mann gerannt: „Rebbe, ich kann's nicht aushalten. Das Kalb brüllt und trampelt auf den Kindern herum, die Hühner fliegen durchs Zimmer und legen Eier ins Bett!" Der Rabbi dachte lange nach, dann fragte er: „Hast du ein Pferd?" „Ja, ich hab ein kleines – aber Ihr werdet doch nicht wirklich wollen, dass…?" „Nimm herein den Gaul sofort!" verlangte der Rabbi. Schon am folgenden Morgen kam der Mann schreiend angelaufen: „Das ist zu viel! Keine Minute länger will ich aushalten diese Hölle! Wir werden völlig verrückt!" „Nun", sagte der Rabbi, „wenn du es kannst wirklich nicht aushalten länger, dann nimm heraus die Hühner, heraus das Kalb, heraus den Gaul." Der Mann rannte heim. Schon nach einer Stunde kam er wieder und lachte und klatschte die Hände und schlug sich die Schenkel: „Rebbe, ich bin der glücklichste Mensch auf der Welt! Uns ist, als säßen wir in einem Palast!"

Schön, wenn man Zufriedenheit findet, ohne dass sich eigentlich etwas am gegenwärtigen Zustand geändert hat. Einfach durch die Erfahrung und Begegnung mit ganz anderen Verhältnissen. Dazu kann sicher so manche Reise dienen. Dafür braucht es aber auch Mut, sich allem zu stellen und auszusetzen, was so ganz anders, fremd und vielleicht sogar etwas unheimlich ist. Anderen Lebensgewohnheiten, Kulturen, Sprachen und Verhältnissen. Wer einmal auch im Urlaub auf den gewohnten Luxus und alle Verwöhnungsprogramme verzichtet und sich ganz bewusst in Regionen begibt, in denen Menschen mit ganz anderen Herausforderungen leben müssen, der kann vielleicht nicht unbedingt von einem Erholungsurlaub sprechen, aber kehrt vielleicht anders bereichert zurück. Möglicherweise auch mit einer wieder bewussteren Dankbarkeit, aus der auch diese Zufriedenheit erwächst wie in dieser Geschichte.

Bereicherung nicht durch luxuriöse Verwöhnung

Reisen bildet, sagt man. Es gibt auch so etwas wie eine Herzensbildung. Solche Bildung braucht nicht immer große Reisen und viel Events. Es kommt nicht auf die Anzahl an Erlebnissen an, sondern auf die Tiefe des Erlebens. Da gibt es die einen, die, egal wo sie gerade sind, immer nur darüber erzählten, wo sie beim letzten Mal und wo überhaupt sie schon waren. Die anderen stehen oft ganz still und versunken vor völlig schlichten und unspektakulären Situationen, ob fremden Menschen oder Bauwerken. Manchmal haben sie nicht einmal einen Fotoapparat dabei noch irgendwelche Reiseführer. Sie schauen und erleben einfach den Moment. Das wünsche ich allen. Ganz da zu sein, auch im Urlaub.

30

WANDERN, ACH WANDERN...

Eine alternative Reiseform

30

WANDERN, ACH WANDERN…

Eine alternative Reiseform

Wandern, ach wandern, durch Flur und Feld, heiter durcheilen die ganze Welt…" Ob dieses Lied aus der Operette „Der Rattenfänger von Hameln", von einem gewissen Adolf Heinrich Anton Magnus Neuendorff gegen Ende des 19. Jahrhunderts komponiert, auch heute noch so warm das Herz der Menschen berühren würde? Und dazu auch noch die Menschen buchstäblich in Gang bringen würde? Zahllose Sänger und solche, die sich dafür hielten, haben es jedenfalls mit Inbrunst gesungen, und mit selbiger wurde es auch vom wanderfreudigen Publikum aufgenommen. Ein Blick in die Platten-, Kassetten- und Videosammlungen zeigt jedenfalls, wie beliebt dieses Lied war. Angefangen von Richard Tauber über Rudolf Schock und Fritz Wunderlich bis hin zu Heino, jeder musste sich daran versuchen.

Bewegt sich jemand außerhalb seines Autos, ist es im Stau

Würde man dieser Beliebtheit eine Statistik gegenüberstellen, die die tatsächliche Begeisterung und Freude am Wandern in unserer Gesellschaft und Zeit ausweist, dann würde wohl ein etwas schiefes Bild herauskommen. Die täglichen, beziehungsweise fast stündlichen Verkehrsmeldungen über endlose Staus in fast allen Autobahnen und Regionen erwecken nicht den Eindruck, als ob die meisten zu Fuß unterwegs sind. Zynischerweise könnte man sagen, wenn jemand sich außerhalb seines Autos bewegt, dann ist es beim Warten im Stau. Ulrich Grober beschreibt es so ironisch wie fast philosophisch im Vorwort zu seinem wirklich lesenswerten Buch „Vom Wandern – Neue Wege zu einer alten Kunst": „Die alte Kunst des Wanderns ist heute der Einspruch gegen das Diktat der Beschleunigung. Der Autofahrer steht im Stau, der Wanderer geht neue Wege." Und der französische Kulturkritiker und Humanist Georges Duhamel, der wahrlich zu seinen Lebzeiten in der ersten Hälfte des 20. Jahrhunderts noch nicht von den Staumeldungen heutiger Zeit belästigt wurde, pflichtet ihm bei: „Die Landschaft erobert man mit den Schuhsohlen, nicht mit den Autoreifen".

Angesichts einer Reiselawine in alle Welt, gerade auch jetzt in diesen Pfingstferien, kommen mir immer wieder Erinnerungen in den Sinn aus einer Zeit, als ich als Student als Nebenverdienst für ein Reisebüro die Aufgabe als Reiseleiter übernommen hatte. Wie oft musste ich von offensichtlich weitgereisten Teilnehmern endlose Schilderungen über mich ergehen lassen. Sie sprachen nicht über ihre gegenwärtigen Eindrücke und Gefühle von dem Ort und Land, wo wir uns gerade befanden. Nein, es kamen ausschließlich Vergleiche, was alles anders und oft auch besser, interessanter und großartiger war in den Orten und Ländern, wo sie früher waren. Wie traurig und armselig.

Es zeigt mir immer wieder, dass das Wesentliche am Erleben und Genießen einer Reise weniger durch das Äußere, durch Landschaft, Bauten und faszinierende Örtlichkeiten bestimmt ist, sondern durch die Art, wie wir etwas im Innern aufnehmen. Sicher kann der atemberaubende Blick von einem Bergmassiv, eine völlig andere beeindruckende Kultur, ein exotischer Strand wie auf einem Kalenderbild ein großes Glücksgefühl hervorrufen. Aber kein Mensch kann mehr als glücklich, als völlig zufrieden und erfüllt sein. Das ist ein inneres Erleben. Reisen findet sozusagen immer in mir selber statt. Was ich darin erlebe, hat mit meiner eigenen seelischen Fähigkeit zu tun, staunen, wahrnehmen zu können, dankbar und offen zu sein, neugierig und unvoreingenommen auf alles zu schauen. Denkmuster und Vorurteile abzulegen, siehe die Reiseteilnehmer mit ihren Vergleichen! So gesehen ist es eigentlich egal, wo ich mich befinde, welche Reise ich mache, welche Orte ich aufsuche. Dann könnte es sein, dass so ein Wanderer im Bayerischen Wald die gleichen Glücksmomente, die Zufriedenheit und das Staunen und das Sich-Einsfühlen mit seiner Umwelt erlebt wie der Tourist auf dem Kreuzfahrtschiff in der Karibik. Die Frage ist immer, wie viel Input brauche ich von außen, und wie viel Phantasie, Achtsamkeit und Wertschätzung für alles, was um mich herum ist, habe ich, um glücklich und erfüllt zu werden.

Wenn wir Achtsamkeit üben, halten wir Dinge in Ehren

„Die erhabene Sprache der Natur, die Töne der bedürftigen Menschheit lernt nur der Wanderer kennen“, gibt Johann Wolfgang von Goethe als Statement für diese besondere Form des Reisens ab. Und nicht nur für das Reisen, sondern für eine ganz allgemeine und grundsätzliche Art, das Leben wahr- und anzunehmen, empfiehlt der vietnamesische Mönch und Schriftsteller Thich Nhat Hanh: „Es gibt so viele genussreiche Dinge, aber ohne die Übung der Achtsamkeit wissen wir sie kaum zu schätzen. Wenn wir Achtsamkeit üben, beginnen wir, diese Dinge in Ehren zu halten, und lernen, wie wir sie bewahren können. Wenn wir uns gut auf den gegenwärtigen Moment einlassen, sorgen wir gleichzeitig auch für die Zukunft.“ Um nicht mit irgendwelchen Reisebüros wegen Abwerbung in Konflikt zu kommen und auch alle Reisefreudigen nicht zu frustrieren, möchte ich anfügen, dass ich das Reisen in alle Welt sehr wohl schätze, aber ohne diese oben erwähnte Einstellung schiene mir manches wie Geldverschwendung.

Reisen findet immer in mir selber statt. Was ich darin erlebe, hat mit meiner eigenen seelischen Fähigkeit zu tun, staunen, wahrnehmen zu können, dankbar und offen zu sein, neugierig und unvoreingenommen auf alles zu schauen.

31

FERIEN ADE

Eine besondere Lebenszeit

31

FERIEN ADE

Eine besondere Lebenszeit

Es ist nicht immer so ganz klar, wem es schwerer fällt, wenn die Ferienzeit endet und in den Schulalltag einmündet. Den Schülern, den Eltern oder den Lehrern? So ganz unnormal ist es ja nicht, wenn keiner dieser betroffenen Gruppierungen mit Hurrageschrei und aufseufzendem „na endlich" den Wechsel kommentiert. Obwohl, nach den Berechnungen eines unbekannten Analysten müssten eigentlich alle Parteien dem Ganzen doch recht gelassen entgegensehen. Im Grunde genommen gibt es da gar keinen so großen Klagebedarf.

Schüler und Lehrer haben eigentlich nichts zu tun

Der Unterschied zwischen Schulzeit und Ferienzeit ist nach der mathematisch einwandfreien Recherche des unbekannten Statistikers nicht bemerkenswert. Er rechnet vor: Schüler und Lehrer haben eigentlich nichts zu tun, wenn man objektiv ihre wahre Arbeitszeit überprüft: „Nachts ist kein Unterricht, eine Hälfte des Tages bleibt also frei. Bleiben noch 183 volle Tage im Jahr. An den meisten Schulen findet nur vormittags Unterricht statt, der Nachmittag ist frei. Dadurch verringert sich die Arbeitszeit wieder um die Hälfte. Es bleiben noch 92 Arbeitstage, davon werden die 52 Sonntage abgezogen, übrig bleiben 40. Jetzt zu den Ferien, sicherlich mehr als 6 Wochen im Jahr. Jetzt ist schon gar keine Arbeitszeit mehr da und wir kommen langsam in die Miesen."

Vielleicht mag dieser Unbekannte ein nüchterner Statistiker sein, Realist ist er sicher nicht, dafür aber sehr wohl ein rechter Zyniker oder traumatisierter Lehrerfresser. Oder eben nur ein pfiffiger Humorist. Tatsache aber ist, dass mit dem Ende der Ferienzeit sich vieles im Leben von Familien ändert. Keine Frage. Und sicher ist der Übergang von der Freizeit, dem Urlaub oder den Ferien in die andere Welt nicht immer so ganz schmerzfrei. Würde nicht umgekehrt jemand etwas argwöhnisch und kopfschüttelnd betrachtet werden, der aufatmend glücklich stöhnt: „Na endlich ist der Urlaub oder sind die Ferien vorbei! Endlich kann ich wieder an meine Arbeit oder Gott sei Dank beginnt wieder die Schule!" Ja, es gibt auch solche. Schön wäre es, wenn man zu beiden Lebensbereichen sagen könnte: Beides mag ich und für beides bin ich dankbar. Unser Leben findet ständig statt. Es ist nicht zu bestimmten Zeiten im Stand-by-Modus und Wartezustand. Und erst wenn das Wochenende oder der Urlaub erreicht ist, wird sozusagen mein Leben wieder eingeschaltet und läuft auf dem wahren Programmkanal. Leider erleben wir immer wieder Menschen – oder es geht uns selber so – für die solche Auszeiten die eigentlichen Lebenszeiten sind. Das darf man nicht einfach so als gegeben hinnehmen. Wir haben im Leben immer zumindest zwei Möglichkeiten. Wir können etwas ändern, wenn es nicht unseren Vorstellungen und Lebensentwürfen entspricht. Oder wir können uns bewusst damit auseinandersetzen, wie wir uns damit arrangieren. Entscheidend ist immer, dass wir uns nicht als Opfer oder hilflos Ausgelieferte empfinden. Wir können „ja" sagen zu einer Realität und zu Bedingungen, die wir annehmen, weil wir jede andere Alternative als zu schlimm oder viel schlechter empfinden würden. Oder wir nehmen eine schlechtere Alternative lieber an.

Das hieße zum Beispiel bei Schülern: „Bevor ich diese Schulunlust weiter ertragen muss, nehme ich in Kauf, dass ich lieber meine Berufschancen eingegrenzt sehe, Sicherheiten aufgebe und eine ungewisse Zukunft aushalte." Sich als Opfer und Ausgelieferter zu empfinden, macht schwächer. Wünschenswert wäre natürlich, dass sich unsere Schulsituation, unser Arbeitsverhältnis und unser berufliches Feld so zeigen, dass wir darin Sinn und Befriedigung finden.

Unseren Tätigkeiten mehr Sinn und Sinnhaftigkeit geben

Wir können auch selber einiges dazu tun, durch unsere eigene subjektive Deutung und Bewertung unserem Arbeitsplatz, unserem Tätigkeitsbereich, unserer schulischen Ausbildung mehr Sinn und Sinnhaftigkeit zu geben. Unsere Möglichkeiten, unsere Umwelt und unsere Lebensbedingungen mitzugestalten, sind vielfältiger und kreativer, als manche meinen. Was oft nicht in den äußeren Bedingungen an Gestaltungsmöglichkeiten machbar ist, kann in der inneren Welt gelingen.
Ein ganz wichtiger Helfer ist dabei der Humor. Man erlebt tatsächlich, dass Menschen mit Humor oft in den gleichen Lebensbedingungen wie ihre Mitmenschen viel besser und zufriedener zurechtkommen. Humor ist einer der wichtigsten Faktoren der oben genannten Möglichkeit, unveränderbare äußere Bedingungen durch innere kreative Gestaltung und Deutung erträglich und vielleicht sogar positiver zu machen. Schul- und Schülerwitze sind manchmal eine solcher Fundus, die den manchmal tristen Schulalltag pfiffig aufs Korn nehmen und erträglich machen. Zum Beispiel in ironischer Definition der Schulrealität. „Sagt der Lehrer: Wenn die Herrschaften in der dritten Reihe etwas leiser sein würden so wie die Comic-Leser in der mittleren Reihe, dann könnten die Schüler in der ersten Reihe ungestört weiterschlafen!"

"

Wir haben im Leben immer zumindest zwei Möglichkeiten. Wir können etwas ändern, wenn es nicht unseren Vorstellungen entspricht. Oder wir können uns bewusst damit auseinandersetzen, wenn wir etwas nicht ändern können, wie wir uns damit arrangieren.

32

DER SEGEN DER KLEINEN

Der Wert des Unscheinbaren

32

DER SEGEN DER KLEINEN

Der Wert des Unscheinbaren

Es sind die Kleinen, die unsere Welt am Laufen halten." Ein wahrhaft nachdenkenswerter Ausspruch! Er stammt von dem amerikanischen Biologen Eward O. Wilson. Sein kluges Wort könnte wohl auf viele Bereiche des Lebens zutreffen, aber in diesem Fall sah er es speziell auf unsere biologische Umwelt angewandt, genauer gesagt, auf unsere Welt der Insekten.

Die Zerstörung unserer Umwelt ist Vielen nicht bewusst

Im Zusammenhang mit einer erst kürzlich veröffentlichten wissenschaftlichen Langzeitstudie weist er auf die äußerst bedenkliche Zerstörung unserer Lebensgrundlagen gerade im Hinblick auf unsere biologische Umwelt hin. Die Tatsache des Bienensterbens weltweit ist für viele nicht mehr so ganz unbekannt und zu verdrängen. Dass aber nur innerhalb von 30 Jahren die gesamte Vielfalt der unscheinbaren Wunderwelt der Insekten einen so dramatischen Rückgang von sage und schreibe 75 Prozent zu verschmerzen hat, dürfte den wenigsten bekannt und bewusst sein. Ein sog. Weltbiodiversitätsrat der Vereinten Nationen hat diese Fakten aufgrund einer Langzeitstudie jetzt veröffentlicht.

Mag dieses Gremium der UN auch einen noch so unverdaulichen Namen haben, es ist segensreich und im wahrsten Sinne des Wortes – überlebenswichtig! Wir brauchen Gremien, Wissenschaftler und Menschen, die unserer Welt den Spiegel vorhalten. Die uns aufmerksam machen, uns wachrütteln angesichts von so bedenklichen Entwicklungen in aller Welt. Vor allem über Bereiche, die dem Alltagsbewusstsein und der gängigen Aufmerksamkeit meist entzogen sind. Wie alarmierend müssen Nachrichten noch sein, dass sie wirklich die Menschheit aufrütteln und zum Nach- und Umdenken bringen? Wir verfügen über Zugänge zu Nachrichten und Informationen, die noch nie so leicht verfügbar waren wie zu unserer Zeit. An fehlenden Informationsmöglichkeiten kann es nicht liegen, dass die Gesellschaft so träge ist und immun gegen angemessene Reaktionen auf gefährliche Entwicklungen.

Mir scheint ein grundlegendes Problem, ein grundlegendes Defizit der meisten Menschen dahinter zu stecken. Gerade diese Studie über die Welt der Insekten und ihre lebensbedrohliche Situation weist für mich auf etwas hin, für das dieses spezielle Thema nur stellvertretend für so vieles steht. Ich meine, ein

Kernproblem unserer menschlichen Art ist die zu unbewusst und zu häufig bewertende und beurteilende Haltung in so vielen Dingen. Dass wir in unserem Leben, im täglichen Alltagstrott immer wieder vor der Frage stehen, Entscheidungen und Urteile fällen zu müssen, und zwar leider oft unverzüglich, ist unbestritten. Zuvor aber müssten immer der Raum und die Möglichkeit sein, dass wir erst beobachten und wahrnehmen dürfen, ganz besonders in uns neuen und noch unbekannten Bereichen. Das klingt unrealistisch. Ich denke aber weniger an die spontanen Reaktionen, als vielmehr an unsere Bewertungen und Urteil auf höherer Ebene. Am Beispiel der Insekten hieße das: wer von vornherein hier nur mit dem Begriff „Ungeziefer" herangeht, wird wohl nicht dieses – ja kindliche – Interesse und die Neugier in so offener Weise haben, wie es nötig wäre, um Neues und Unbekanntes unvoreingenommen wahrzunehmen. Die Biologen jedenfalls wissen um diesen ungemeinen Reichtum und die enorme Bedeutung dieser Insektenwelt für das gesamte ökologische Gleichgewicht unserer Natur. Um das Aussterben der Tiere aus diesem Futterkreislauf, wie etwa der Singvögel, dem Verlust von Nahrungsmitteln aufgrund fehlender Bestäubung durch viel mehr Insekten als nur durch Bienen. Dass viele Insekten für unser Alltagsleben alles andere als erfreulich und willkommen sind, das macht eine solche Haltung der unvoreingenommenen Wahrnehmung oder gar des zugewandten Interesses nicht gerade leichter. Aber so ist es doch mit vielen Dingen in unserem Leben. Was uns lästig ist oder gar ein ungutes Gefühl oder sogar Angst und Abscheu macht, für so etwas suchen wir nicht unbedingt den näheren Kontakt. Kann man auch nicht immer verlangen!

Zuerst beobachten und versuchen, Zusammenhänge zu erkennen

Aber eines ist wohl notwendig: Zuerst beobachten, versuchen Zusammenhänge zu erkennen und zu verstehen, sich informieren und seine ersten Eindrücke auch verändern lassen. Ich sehe dafür als wichtigste Grundlage, gerade im Zusammenhang mit der Natur: Eine Haltung der Ehrfurcht vor dem, was ich – noch – nicht kenne, eine Ehrfurcht vor dem Schöpfer dieser Welt und seiner Ordnung in der Welt und eine demütige Offenheit für den Glauben, dass hinter so vielem ein Geheimnis und ein Konzept steckt, das ich vielleicht nicht verstehe. Es ist eine Grundeinstellung der Welt und den Menschen gegenüber, die eigentlich immer vom Guten und Sinnvollen ausgeht. Trotz aller Erfahrungen von Unglück, Schmerz und Unverständnis. Wenn dies erst dieser Welt der Insekten gegenüber gelingt, welch großer Reichtum gegenüber den Menschen. Denn hier gilt in gleichem Maße dieses Wort: „Es sind die Kleinen, die unsere Welt am Laufen halten."

Die wichtigste Grundlage wäre, eine Haltung der Ehrfurcht vor dem, was ich – noch – nicht kenne, eine Ehrfurcht vor dem Schöpfer dieser Welt und seiner Ordnung in der Welt und eine demütige Offenheit für den Glauben, dass hinter so vielem ein Geheimnis und ein Konzept steckt, das ich vielleicht nicht verstehe.

33

DAS LEBEN IST SCHÖN

Dankbarkeit

33

DAS LEBEN IST SCHÖN

Dankbarkeit

Warum trifft es gerade mich? Warum muss ausgerechnet unsere Familie so viel Leid erfahren?" Schmerzvolle Worte, die man immer wieder hört, wenn man mit Menschen arbeitet, die vom Schicksal schwer getroffen worden sind. Die tragische Verluste erlitten haben und oft mehrfach und wiederholt von grausamen und gnadenlosen Schicksalsschlägen heimgesucht werden. Niemand kann es ihnen verdenken, dass sie solche Klagen und solche verzweifelten Fragen stellen. Nicht selten werden sie dann auch noch konfrontiert und gequält mit abstrusen Schuld- und Ursachentheorien. Ob aus eigenem Zweifel heraus oder durch andere wenig einfühlsame Mitmenschen.

Tatsache aber ist, dass das Schicksal scheinbar blindwütig Menschen aufsucht. Im Grunde genommen kann sich keiner sicher sein, der nächste zu sein, der Opfer dieser Willkür werden kann. Wohlverhalten und frommes Leben genügen scheinbar nicht, um praktisch eine Versicherung gegen Schicksalsschläge zu bekommen.

Es geht nicht darum, mit angezogener Handbremse täglich demütig zu leben

Solche Erfahrungen, gerade in jahrzehntelanger therapeutischer Arbeit mit betroffenen Menschen, können dazu führen, dass man diese anklagende Frage: „Warum trifft es gerade mich" eher umgekehrt stellt: „Warum hat es mich bisher nicht getroffen? Warum bin ich bisher verschont geblieben vor solchen schweren Lebenseinbrüchen?" Dann wird einem bewusst, dass dies nicht selbstverständlich ist, dass eigentlich nichts im Leben selbstverständlich ist. Und das kann zur Dankbarkeit führen. Aus dem Bewusstsein, dass es eine Gnade, kein Verdienst ist, dass man sein Leben ohne große Verluste und niederdrückende Lebensabstürze leben durfte. Manche mussten erst Krisen und Schicksalsschläge zeigen, dass sie so vieles als selbstverständlich, ja fast als Rechtsanspruch hingenommen hatten. Es geht nicht darum, dass wir uns ständig bewusst machen müssten, dass uns jeden Augenblick etwas Schlimmes ereilen könnte. Dass wir sozusagen lieber immer mit angezogener Handbremse demütig und angstvoll durchs Leben gehen sollten und nicht zu unbeschwert und lustvoll unser Dasein genießen dürfen. Aber in all dem alltäglichen Ablauf darf es immer wieder Momente geben, in denen wir einmal innehalten und uns bewusst machen, wo wir gerade im Leben stehen. Für manche gibt es da direkt rituelle Momente, die ihnen helfen, solche Atempausen immer wieder in den Alltag einzubauen. Sei es, dass sie bestimmte Erinnerungstage nutzen, oder bestimmte Orte aufsuchen, die sie dazu anregen, die Gedanken auf die letzte Zeit oder den gegenwärtigen Moment zu richten. Da hat es sich zum Beispiel jemand zur Gewohnheit gemacht, dass er immer am letzten Arbeitstag der Woche auf der Heimfahrt an einer kleinen Kirche vorbeifährt und dort für wenige Minuten anhält und den Kirchenraum betritt. Ob er nun jedes Mal bewusst die vergangene Woche Revue passieren lässt oder einfach den Moment stille ist und innerlich ein schlichtes „Danke“ sagt. Es muss nicht immer ein besonderer, religiöser Raum sein, es kann sich genauso recht profan ergeben. Wie etwa ein Stammlokal oder Café, bei dem man zu ganz bestimmten Zeiten nach Arbeitsende eintritt und dort eine Art innere Oase findet. Wie viele tägliche Pendler finden in ihrer Heimreise von der Arbeit im Auto oder im Zug eine Art Umschaltphase. Man könnte sie genauso immer wieder einmal nutzen, um sich bewusst zu werden, dass so vieles im Leben nicht selbstverständlich ist. Dass man seine Arbeit hat, dass man heimkommen kann, dass man erwartet wird, dass für so vieles gesorgt wurde, während man nicht daheim war. Dann könnte es vielleicht sein, dass man wieder bewusster und zufriedener sagen kann: „Das Leben ist schön!“

„Das Leben ist schön“ – auch unter unvorstellbaren Lebensumständen

Unglaublich, dass diese Erkenntnis und Überzeugung, „das Leben ist schön“ sogar unter Lebensumständen glaubhaft ausgesprochen werden kann, bei denen wir „normalen“ Menschen unmöglich so ein Wort aussprechen könnten. Ja, dass wir allen Grund hätten, an diesem Leben und dem, der dieses Leben und diese Welt zu verantworten hat, völlig zu verzweifeln und voller Bitterkeit und Vorwürfe zu klagen und anzuklagen. Es ist für mich unbeschreiblich und so tief beeindruckend, wie diese 30-jährige niederländische Jüdin Etty Hillesum, 1941 im KZ in Auschwitz umgebracht, in ihrem Tagebuch inmitten einer Zeit, in der ihrem Volk himmelschreiendes Unrecht angetan wurde, schreibt:

„Der Himmel ist in mir ebenso weit gespannt wie über mir. Ich glaube an Gott, und ich glaube an die Menschen; das wage ich ohne falsche Scham zu sagen... Ich bin schon tausend Tode in den Konzentrationslagern gestorben... Und dennoch komme ich immer wieder zu demselben Schluss: Das Leben ist schön.

Und ich glaube an Gott. Und ich will mittendrin in allem sein, was die Menschen Gräueltaten nennen, und dann noch sagen: das Leben ist schön. Jede einzelne Minute.“

Welch tiefe Quelle, aus der diese Frau schöpfte?

34

WENN DIE SCHULE IN DIE FAMILIE KOMMT

Wie viel Schule verträgt die Familie?

34

WENN DIE SCHULE IN DIE FAMILIE KOMMT

Wie viel Schule verträgt die Familie?

Wenn unsere Tochter Schulaufgabe hat, dann kann ich den ganzen Vormittag nichts unternehmen, bis sie wieder nach Hause kommt. Und mein erster Blick auf ihr Gesicht, wenn sie zur Türe hereinkommt, zeigt mir, ob alles gut gegangen ist und ich wieder entspannen kann!“ Solche und ähnliche Aussagen sind mir als Schulpsychologe leider gar nicht so unbekannt gewesen. Oder eine andere Klage einer Mutter, die sichtlich gestresst äußerte, dass sie alle notwendigen Hausarbeiten und Aufgaben nur am Vormittag erledigen kann, denn der Nachmittag erfordert dann ihre ganze Aufmerksamkeit und Zeit für die Betreuung der Kinder bei den Hausaufgaben.

Leider eine häufige Erfahrung: wie eng doch das Thema Schule mit dem Familienleben verknüpft ist. Es war mir als Schulpsychologe immer ein wichtiges Anliegen: den Eltern zu helfen, dem Bereich Schule und Familie ein angemessenes Maß an Zeit und Aufmerksamkeit zu geben. Zur besseren Verdeutlichung habe ich meinen Kollegen, der an der Schule für den Kunstunterricht zuständig war, gebeten, zwei Karikaturen anzufertigen. Dazu habe ich ihm meine inneren Bilder geschildert, die mir immer bei den Beratungen mit diesen genannten Themen kamen. Das eine Bild und die entsprechende Karikatur zeigte eine Familie, die mit sichtlich wenig erfreuten Gesichtern am Mittagstisch sitzt. In der Tischmitte ist eine große Suppenschüssel zu sehen, in der schräg ein kleines Schulhaus steckte. Und alle starren wie gebannt darauf. Bei der zweiten Karikatur sitzt ein erbarmungswürdig zusammengekauertes Kind in der Schulbank und hinter ihm zwei übermächtige Elternfiguren, die sich fast ein wenig bedrohlich über das Kind beugen.

Die Schule, die die Suppe versaut

Beide Bilder stellen Situationen dar, die bedauerlicherweise für viele Schüler und Familien Realitäten sind, wenn es um das Thema Schule geht. Das Schulhaus in der Suppenschüssel am Mittagstisch symbolisiert wirklich eine Atmosphäre, wenn das leidige Schulthema buchstäblich die Suppe und die ganze Familiensituation versaut. Wie oft wird beim Essen geschimpft, über Noten und schulische Leistungen diskutiert und moniert und die Freude am Essen verdorben. Ich empfehle den Eltern und Kindern dringend, Freiräume zu lassen für „schulfreie“ Gespräche, gerade bei so wichtigen sozialen Momenten wie gemeinsames Essen. Man muss sich nicht wundern, wenn manchmal Essstörungen auftauchen bei so unerfreulichen Begleiterscheinungen. Das, was Familien verbinden kann, wird zum Ort, den man am liebsten vermeiden möchte. Wichtig ist, der Schule die angemessene Bedeutung zu geben. Wer immer gleich hinter schulischen Defiziten und Leistungseinbrüchen das drohende Gespenst einer gescheiterten Berufschance befürchtet, wird nicht mehr angemessen reagieren können. Es gibt gerade auch im schulischen Leben eines Kindes Phasen, in denen andere Dinge viel wichtiger sind als Noten und schulischer Erfolg. Und es sind sehr oft Phasen, die übergangsweise sind und sich umso schneller wieder verlieren, je gelassener man darauf reagiert. Mit der zweiten Karikatur mit den übermächtigen Elternfiguren hinter dem Kind in der Schulbank verbinden mich immer die Erfahrungen von Eltern, die über Schulängste, unerklärliches Versagen ihres Kindes bei Prüfungen und schulischen Leistungserhebungen klagten. Viele Kinder sitzen buchstäblich in der Schulbank mit der – oft unbewussten – Last der Erwartungen von Eltern. Das muss oft gar nicht offen von den Eltern ausgesprochen sein. Aber Kinder spüren sehr wohl auch unausgesprochene Wünsche und Hoffnungen der Eltern. Und Kinder wollen immer, dass die Eltern mit ihnen einverstanden und zufrieden sind.

Ein Schutzengel, der im Hintergrund bestärkt

Eine Lehrerin einer Grundschulklasse hatte ein Experiment mit ihren Schülern versucht. Sie gab ihnen eine bestimmte Art von Rechenaufgaben, die sie wie in einer Prüfungssituation bearbeiten sollten. Danach ließ sie die Schüler gegenseitig ihre Arbeiten korrigieren und bewerten. Anschließend bat sie die Schüler, einen zweiten Durchgang mit der gleichen Art von Rechenaufgaben zu machen. Allerdings dieses Mal mit einer Zusatzaufgabe. Jeder der Schüler durfte sich innerlich vorstellen, dass irgendjemand, den sie sehr schätzten und der für sie besonders hilfreich oder beruhigend war, während der Probearbeit hinter ihnen wie ein Schutzengel oder guter Helfer stehen würde. Danach wurden die Arbeiten wieder gegenseitig korrigiert. Viele der Schüler hatten jetzt wesentlich bessere Leistungen erzielt. Eine Schülerin hatte sich besonders verbessert. Die Lehrerin fragte sie: „Wer war in deiner Phantasie hinter dir gestanden?“ „Meine Oma“, antwortete das Mädchen. „War die denn so gut in Mathematik?“ erkundigte sich die Lehrerin. „Nein“, entgegnete die Schülerin, „die kann überhaupt kein Rechnen!“ So viel zum Thema der Karikatur: Entspannte Atmosphäre hinter dem Kind in der Schulbank!

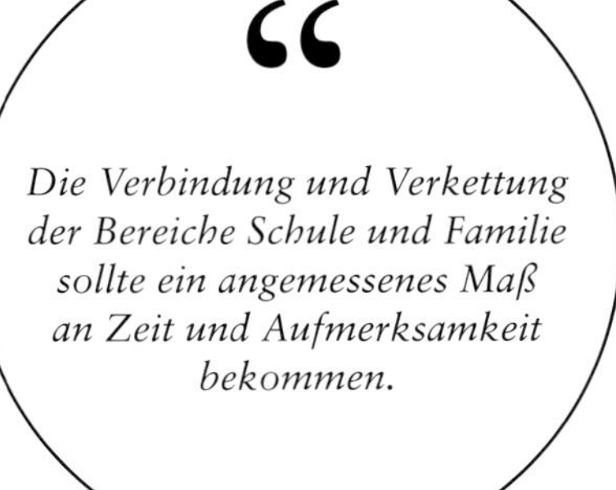

35

BURN-OUT – EINE NEUZEIT-KRANKHEIT?

Wenn plötzlich alles nicht mehr so selbstverständlich ist

35

BURN-OUT – EINE NEUZEIT-KRANKHEIT?

Wenn plötzlich alles nicht mehr so selbstverständlich ist

Ich weiß nicht, was plötzlich mit mir los ist. Die einfachsten Dinge fallen mir auf einmal so schwer, ich kann mich kaum konzentrieren, alles kostet so viel Mühe und Anstrengung und manchmal würde ich mich am liebsten einfach hinlegen und die Decke über den Kopf ziehen!“ Äußerungen, die nicht nur Angehörige, sondern viele Menschen in Helfer-Berufen wie Heilpraktiker, Hausärzte, Psychiater und Therapeuten oft in so gleichlautenden Formulierungen zu hören bekommen.

Reiß dich zusammen und lass dich nicht hängen

Für Mitmenschen, die noch nie in solche seelischen Krisen geraten sind, ist es nicht einfach, unmittelbar Verständnis und ernsthafte Wahrnehmung und Aufmerksamkeit für solche Bemerkungen zu finden. Zu leicht fallen dann gedankenlose Ratschläge und Aufmunterungen wie: „Jeder hat doch mal eine Durststrecke und ein seelisches Tief durchzustehen. Mir geht es manchmal auch nicht besser, aber ich reiße mich dann am Riemen, beiß' die Zähne zusammen und kämpf' mich durch. Es geht schon, man darf sich nur nicht so schnell hängen lassen.“

Wer Ähnliches leidvoll am eigenen Leib erlebt hat, wird so niemals mehr reden. Er kann sich am ehesten einfühlen und verstehen, dass es hier nicht um eine Willenssache und um „Zähne zusammenbeißen“ und mannhaftes Kämpfertum geht. Und ich habe auch Verständnis für diejenigen, die einfach nicht glauben können, dass man solche Krisen nicht mit besonderer Anstrengung und mit Verbissenheit dennoch meistern und überwinden kann. Es ist außerhalb des bisherigen Erlebensbereiches.

Tatsache aber ist, dass gerade oft solche Kämpfernaturen und engagierte Willensmenschen durch solche plötzlichen seelischen und körperlichen Einbrüche ausgebremst und aus der gewohnten Spur genommen werden. „Burn-out“ heißt dann die Diagnose, vor allem, wenn es im Zusammenhang mit beruflichen Tätigkeiten und außerfamiliären Engagements geht. Wie viele Manager, selbständige Unternehmer, Firmenchefs und Abteilungsleiter und Führungspersönlichkeiten saßen vor mir und wirkten hilflos und verzweifelt angesichts eines für sie nicht erklärbaren Gemütszustandes. Es passt überhaupt nicht in ihr bisheriges Welt- und Gesellschaftsbild, in dem Leistungswille, Einsatzbereitschaft, Entscheidungsfreudigkeit und Mut zum Risiko die dominierenden Qualitätsmerkmale waren. Und nun überfällt einen unerklärlicher Schwindel und Mattigkeit, wenn man das Büro oder die Arbeitsstelle betritt, man sitzt vor dem Computer und kann sich nicht konzentrieren, fühlt sich leer und ausgebrannt.

Die meisten kommen schon mit Verschreibungen und Verordnungen von Antidepressiva und ähnlichen Medikamenten. Die Diskussion, ob es sich nun um eine Art Depression oder um ein typisch berufsbedingtes Erschöpfungssyndrom handelt, ist für mich nicht unbedingt hilfreich. Klar hört sich in einer auf Leistung und Erfolgsstreben ausgerichteten Gesellschaft die Diagnose „Burn-out" eher kompatibel mit dem gesellschaftlichen Denken an. Da zahlt jemand sozusagen den Preis für ganz besonderes Engagement und für – zwar überzogenen – aber doch Leistungswillen.

Die Aussage eines Unternehmensberaters hat mir zu denken gegeben. Er zeigte in seinem Buch auf, wie sehr bestimmte Kreise und berufliche Vorstellungswelten nicht einmal unter solchen Krisenerfahrungen zum Umdenken bereit sind. Er berichtete von einer Spezialklinik, in denen vorwiegend Führungspersönlichkeiten nach einem Herzinfarkt behandelt wurden, dass dort sogar noch viele darüber diskutierten, wer den schlimmsten Herzinfarkt gehabt hätte. Wie sehr hängen viele in alten Denkmustern. Ich sehe als einen wichtigen Wegweiser für Betroffene, dass sie diese Krise als Alarmzeichen zum Nach- und Umdenken nutzen sollten. Ja ich gehe sogar so weit, zu behaupten, dass vielleicht der Teil ihrer Persönlichkeit die Notbremse gezogen hat, der nicht wie das Gehirn programmiert ist auf Sollen und Müssen und „was wird von mir erwartet".

Nicht eine Krankheit beseitigen, sondern Impulsen lauschen

Wenn ich diese Sichtweise einnehme, dass an einem bestimmten Punkt meines Lebensweges etwas in mir fragt, ob das, was ich lebe und bisher gelebt habe, meinen innersten Bedürfnissen und Sehnsüchten entspricht, dann versuche ich vielleicht weniger, eine „Krankheit" zu beseitigen, als einem Impuls zu lauschen. Vielleicht gibt es ein Wissen in mir darüber, was ich selbst wirklich will und was ich stattdessen angepasst an andere Wünsche und Erwartungen lebe. Nicht in allem findet man auf diesem Wege Lösungen und Heilungen. Aber bei vielen hat die Anregung geholfen, sie sollten mal der Frage nachgehen, was an wirklich Wesentlichem und Bedeutsamen in ihrem Leben nicht gesehen und nicht gelebt wird und die Krise nicht nur als Drama und Katastrophe zu sehen, sondern als Aufforderung, sich selber und sein Leben als einzigartig und nachdenkenswert zu sehen. Die Seele, wie ich sie deute, meldet sich immer, wenn wir Wesentliches für unser Leben nicht wirklich in den Blick und die Wertschätzung nehmen wollen. Und sie kann dazu sämtliche Bereiche unseres Körpers und Geistes als Alarmsystem benutzen.

Die Seele, wie ich sie deute, meldet sich immer, wenn wir Wesentliches für unser Leben nicht wirklich in den Blick und die Wertschätzung nehmen wollen.

36

ES ALLEN RECHT MACHEN

Der Weg zum guten Selbstbewusstsein

36

ES ALLEN RECHT MACHEN

Der Weg zum guten Selbstbewusstsein

Worte aus dem sogenannten Volksmund sind es manchmal wert, dass man sie sich genauer zu Herzen nehmen sollte. Sie sind, wie so manche Geschichten und Märchen, wie abgegriffene Flusssteine, die so lange von Hand zu Hand gegangen sind, bis sie alle Kanten und Eigenheiten verloren haben und nur noch auf eine einprägsame und allgemeine Form reduziert sind. Es geht nicht um viele „wenn" und „aber", um Detail-Tüfteleien, sondern um eine klare Botschaft.

„Allen Menschen wohlgetan, ist eine Kunst, die keiner kann", ist so ein bekanntes Sprichwort. Man hat allerdings nicht den Eindruck, dass es nicht nur zu einer allgemeinen Erkenntnis geführt hat, geschweige denn zur praktischen und lebensnahen Umsetzung.

Wünsche der anderen erfüllen oder die Außenseiterposition beziehen

Dazu sind – nicht nur in der psychotherapeutischen Praxis – die Klagen von Menschen zu häufig, die darunter leiden, dass sie in der Beziehung zu anderen Menschen mit Problemen zu kämpfen haben, als dass man von der realen Beherzigung dieser Weisheit überzeugt sein könnte. Entweder hecheln die einen hinter dem meist aussichtslosen Bemühen hinterher, die Wünsche und Erwartungen von anderen erfüllen zu wollen oder zu müssen. Oder sie leben wirklich ein eher eigenständiges und eigenbestimmtes Leben. Aber dann sind sie permanent damit konfrontiert, dass sie häufig gemieden werden, als Spaß- und Spielverderber betitelt werden und eher in Außenseiterpositionen gedrängt werden. Man kennt ja das typische Beispiel, wenn eine lustige Gesellschaft über eine gewisse Zeit hinaus zusammen bleiben möchte und nur einer sich an sein Versprechen hält, rechtzeitig heimzukommen. Was für seine Partnerin oder seinen Partner Zuverlässigkeit und Wertschätzung bedeutet, ist für die heitere Gesellschaft eben die Spaßbremse. „Es allen recht getan…?"

Die Erfahrung zeigt, dass fast jede Gruppe von Menschen eher dazu neigt, dass zwischen den einzelnen Mitgliedern möglichst Einhelligkeit in Verhalten und Denken herrscht. Das ist das bequemste und am wenigsten anstrengende Zusammensein. Wenn jemand buchstäblich aus der Rolle fällt, sich nicht immer konform mit den – meist unausgesprochenen – Gruppenregeln und -ritualen verhält, dann zwingt das die anderen, sich zu entscheiden. Entweder sie reflektieren selbstkritisch das eigene Verhalten, ob sie es beibehalten, oder ob sie sich bewusst mit der anderen Weise befassen sollten. Die meisten neigen dazu, den sogenannten „Außenseiter“ entweder zu ignorieren oder abzulehnen.

Individualität ist nicht gleich egoistischem und rigorosem Verhalten

Es kostet Mut, sich zu seiner Individualität zu bekennen und sie bewusst zu leben. Klar, es gibt Grenzbereiche, in denen abweichendes Verhalten einen vielleicht zu hohen Preis hat. Den Preis der Isolation oder Ausgrenzung oder gar Einsamkeit. Dazu braucht es immer wieder kluge aktuelle Abwägung. Individualität sollte auch nicht gleichgesetzt werden mit egoistischem und rigorosem Verhalten, das sich nicht um die Bedürfnisse und Gewohnheiten anderer schert. Wirklich selbstbewusst im Sinne von Freiheit zu den eigenen Vorstellungen und Werten zu leben, erfordert Klugheit. Gerade auch im sozialen und gesellschaftlichen Denken. Wer ein feines Gespür dafür hat, ob seine Andersartigkeit und sein abweichendes Verhalten in einer bestimmten Situation andere gerade brüskieren, verunsichern und beschämen würde, der wird nicht auf Biegen und Brechen für diesen Moment nur seine Art zeigen.

Meist aber ist der innere Kampf vieler nicht so sehr damit beschäftigt, ihre Individualität zu wahren. Sie ringen eher damit, was sie alles tun und leisten müssten, damit eben nicht die Gefahr besteht, sich abzusondern, zu unterscheiden oder eigenwillig zu erscheinen. Ihre Angst ist es, dass sie nicht genügend anerkannt, geliebt und geachtet werden, wenn sie sich nicht in allem anpassen und unterordnen.

Es braucht keine großartige psychologische Ausbildung, um zu erahnen, dass solche Grundhaltungen mit der je eigenen Lebensgeschichte zu tun haben. Wenn wir uns als erwachsene Menschen hier oft schwertun, aus dieser Falle zu entkommen, weil es so schmerzhaft ist, nicht angenommen zu werden, wie schwer ist es dann erst für uns als Kinder gewesen. Oder überhaupt für Kinder! Sie sind davon viel abhängiger, meist überlebensnotwendig abhängig. Warum die einen es dennoch in ihrem Leben schaffen, ihre individuelle Orientierung zu finden und zu leben und die anderen nicht, bleibt oft verborgen oder zumindest einer tieferen Analyse wert. Der bekannte Begründer der Individualpsychologie, Alfred Adler, der schon allein durch seine mutige Abgrenzung von seinem Lehrmeister Sigmund Freud seine eigene Theorie bestätigt hat, gibt als hilfreichen Impuls zur Ermutigung: „Die größte Gefahr des Lebens ist, dass man zu vorsichtig wird!“ Oder als einen mindestens ebenso wertvollen Wegweiser und Rat ein Spruch aus der Gestalt-Therapie: „Ich bin nicht auf der Welt, um so zu sein, wie ihr mich haben wollt!“ Das gilt für alle Lebensphasen, und für alle Lebensalter und in alle Richtungen.

Viel Spaß und innere Freude bei eventuellem guten Nachreifen der Trotzphasen.

37

WAS KINDERN MUT MACHT

Die Macht des Zutrauens

37

WAS KINDERN MUT MACHT

Die Macht des Zutrauens

Das diesjährige Schuljahr biegt in die Zielgerade ein. Nur noch wenige Wochen, dann tauchen am Horizont immer näher die ersehnten Großen Ferien auf. Freuen sich alle so rückhaltlos darauf? Oder gibt es nicht doch so manche Eltern, die mit Bangen und Sorgen auf diesen ominösen Tag hinfiebern, bei dem der Sohn oder die Tochter dieses gewisse Dokument zu Hause präsentieren wird, auf dem die gesamte Bilanz des ganzen Schuljahres in Form von Noten auf den Tisch gelegt werden muss.

Als ehemaliger Schulpsychologe, der zu Schuljahresende auch immer wieder mit dem sogenannten Notruftelefon für Schüler oder Eltern zu tun hatte, weiß ich, dass so ein Notruf eigentlich nicht notwendig sein müsste. Und tatsächlich auch nur wenig in Anspruch genommen werden musste. Wenn der Austausch zwischen Schülern, Eltern und Kindern das Schuljahr über gut und aufmerksam genutzt wurde, dann dürfte es eigentlich am Schuljahresende keine solchen unerwarteten schlimmen Überraschungen geben.

Es geht um Erwartungshaltungen, um Wünsche und Sorgen von Eltern

Dass aber trotzdem in manchen Familien der Haussegen zumindest etwas ins Wanken gerät, kann auch der intensive Austausch oft nicht ganz verhindern. Es geht um Erwartungshaltungen, um Wünsche und Sorgen von Eltern, die sie nicht einfach so gelassen hinten anstellen können. Sei es, dass sie schlicht mit der Leistungsbereitschaft ihrer Kinder nicht einverstanden sind, eigene Maßstäbe haben, für das, was sie als erfolgreich ansehen, oder aber wirklich echte Sorge um die berufliche Zukunft ihrer Kinder haben.

Was für ein Glücksfall für alle Beteiligten, wenn sie es mit einer Schule zu tun haben, in der ein – ich kann es nicht anders nennen – ein wahrer Ausnahme-Schulleiter das Schulklima bestimmt. Ich habe es leider nicht herausbekommen, an welcher Schule dieser wirklich weitsichtige Mensch sein Arbeitsgebiet hat. Aber das, was er den Eltern in einem Rundbrief mitgegeben hat, könnte vielleicht dafür sorgen, dass es auch andere Verantwortliche in Bewegung bringt. In jedem Fall aber ist es vor allem für die Kinder und Eltern eine Chance, mehr Vertrauen und Zutrauen zu bekommen und sich nicht in unnötige Ängste zu verstricken. Der wunderbare Brief dieses Schulleiters kann wirklich dazu helfen:

„Liebe Eltern, die Zeugnisse Ihrer Kinder stehen bevor. Ich weiß, dass Sie alle hofften, dass Ihr Kind gut in all den Prüfungen abschneiden würde. Aber bitte denken Sie daran, dass unter den Schülern bei der Prüfung ein Künstler sein wird, der Mathe nicht verstehen muss. Unter ihnen ist auch ein Unternehmer, dem die Geschichte der englischen Literatur egal ist. Unter ihnen ist ein Musiker, dessen Chemie-Note nicht wichtig ist. Wenn Ihr Kind gute Noten bekommt, dann ist das super. Und wenn das nicht der Fall ist, dann rauben Sie ihm bitte nicht sein Selbstbewusstsein und seine Würde. Sagen Sie Ihrem Kind, dass es okay ist. Es ist immer nur eine Prüfung. Ihr Kind ist für viel größere Dinge bestimmt. Sagen Sie Ihrem Kind, dass Sie es lieben und es nicht verurteilen werden, egal, welche Noten es bekommt. Sie werden sehen, wie Ihr Kind die Welt erobern wird. Eine Prüfung oder eine schlechte Note wird es nicht seines Talents berauben. Und bitte glauben Sie nicht, dass Ärzte und Ingenieure die einzigen glücklichen Menschen auf der Welt sind. Ihr Schulleiter."

Dazu kann ich nur sagen: Worte, die die Welt braucht. Denjenigen, die zu diesen Ermunterungen und wohlmeinenden Wünschen noch eine weitere Bestätigung und Bekräftigung zu brauchen meinen, denen empfehle ich, im Internet sich ein wunderbares, kurzes Video anzusehen. Zu finden ist es unter „Mach es wie der Pinguin. Finde dein Element" von Eckhart von Hirschhausen. Dieser feinfühlige und humorvolle Arzt und Kabarettist bringt in so wenigen Worten seinen Zuhörern nahe, wie ganz schlichte und unspektakuläre Alltagserlebnisse und -beobachtungen zu so tiefgehenden und wertvollen Erkenntnissen für unser Leben führen können.

Wie oft be- und verurteilen wir Menschen zu schnell?

Er hatte einen Pinguin in einem Zoo beobachtet. Die Art, wie dieser Pinguin an Land so unbeweglich und durch seine eigenartige Körperform unpassend erschien, ließ ihn zur Beurteilung kommen, dieses Tier ist eine Fehlkonstruktion der Schöpfung und eigentlich zu Wenigem fähig. Als dieser Pinguin aber vor seinen Augen ins Wasser sprang und in einer so unglaublichen Wendigkeit und Geschwindigkeit durchs Wasser schoss war er beschämt. Seine weiterführende Schlussfolgerung war: Wie schnell be- und verurteilen wir Menschen, die wir nur in einer bestimmten Situation und Umgebung erleben. Und wir übersehen, dass es nicht an dem bestimmten Menschen liegt, sondern an der falschen Umgebung. Wie notwendig und hilfreich sind Achtsamkeit, Vorsicht im Urteilen und vor allem Glauben und Zutrauen in das, was alles in Menschen ruhen kann.

Man möchte als Empfehlung zu dieser Haltung sagen: und das nicht nur zum Schuljahresende.

38

VERTREIBUNG AUS DEM PARADIES

Träume, Wünsche und der Weg in die Wirklichkeit

38

VERTREIBUNG AUS DEM PARADIES

Träume, Wünsche und der Weg in die Wirklichkeit

Wenn ich meinem Mann erst deutlich sagen muss, was ich mir von ihm erwarte und was meine tiefsten Wünsche sind, dann verzichte ich lieber. Wenn er das nicht von alleine weiß und spürt, dann pfeife ich drauf!" So ganz unbekannt könnten solche oder ähnliche Aussagen in Alltagsehen wohl nicht sein. Der berühmte oder auch berüchtigte Blumenstrauß, den man sich eigentlich immer mal wieder erhofft hatte und immer wieder enttäuscht wurde, ist so ein klassisches Symbol. Ach der Traum von dieser seelischen Verbundenheit und Einheit, in der ohne Worte dem anderen alles von den Augen abgelesen wird. So etwas muss doch aus dem Herzen kommen, das muss der Andere doch spüren, was ich brauche und wonach ich mich sehne! Ja natürlich, ich gebe zu, dass solche Vorstellungen wirklich traumhaft sind, ober eben paradiesisch. In der Verliebtheitsphase scheint das ja auch wirklich eine Realität zu sein. Man fühlt sich ja so verstanden und auf einer Wellenlänge!

Keine Beziehung bleibt ohne Enttäuschungen und Einbrüche

Vielleicht gibt es solche traumhaften Paarbeziehungen auch über die Jahre hinweg. Aber ich behaupte, keine Beziehung bleibt hier ohne Enttäuschungen und Einbrüche. Die Unterschiede bestehen am ehesten in der Art, wie Partner mit solchen Enttäuschungen umgehen. Hinter all diesen Wünschen und Träumen steckt das, was in der bekannten alttestamentlichen Geschichte der Vertreibung von Adam und Eva aus dem Paradies geschildert wird. Da gibt es doch wirklich einen Ort und eine Lebenswelt, in der man rundum versorgt ist, wo es einfach paradiesisch ist. Keiner würde freiwillig so einen Zustand oder so eine Welt verlassen. Aber die Geschichte ist da gnadenlos. Die beiden Urmenschen werden aus dem Paradies vertrieben und fallen in eine Welt, in der eben nicht mehr für alles gesorgt wird. Eine Welt, in der keine Rundumversorgung mehr garantiert ist, sondern eigenes Mühen und Plagen. Auch in dieser biblischen Geschichte stecken Bilder und Deutungen über das Leben der Menschen über alle Zeiten hinweg. Und diese Paradiesesgeschichte mit der Vertreibung finden wir im Leben eines jeden einzelnen Menschen. Und das hat auch mit den am Anfang erwähnten Enttäuschungen in Partnerbeziehungen zu tun. Ja, es gibt im Lebenslauf eines jeden Menschen diese Phase des Paradieses und das Drama der Vertreibung. So lange wir als Embryo im Mutterleib sind, haben wir diese paradiesiche Sorglosigkeit und Rundumversorgung. Der mütterliche Uterus ist auf alle Bedürfnisse des ungeborenen Kindes ausgerichtet. Das Kind muss keine Wünsche anmelden oder sich Sorgen machen um deren Erfüllung. Hier wird wirklich alles ohne Worte „gesehen“ und „an den Augen abgelesen“. Verschiedene Theorien gibt es über die seelischen Auswirkungen, die die Geburt, also die Vertreibung aus dem Paradies, für ein Kind haben. Tatsache ist, dass ab diesem Moment ein Kind mit der ganzen Härte der Realität erfahren muss, dass es sich nun um seine Versorgung mit kümmern muss, durch Schreien und Sich-bemerkbar machen.

Ich denke, es ist für Partner in einem oft schmerzhaften Prozess nicht immer ganz einfach, diese bittere Wahrheit annehmen zu können, dass hinter dieser Enttäuschung über den scheinbar „unsensiblen“ Partner eine viel tiefere Sehnsucht steckt. Und eine Illusion. Dieses Paradies gibt es nie mehr wieder. Dafür ist kein Partner verantwortlich. Die Realität erfordert eben Kommunikation, Austausch und die Demut, seine Wünsche klar zu äußern. Sonst werden Auseinandersetzungen und Enttäuschungen oft so emotional und meist nicht mit rationalen Argumenten geführt. Sich verständlich und klar äußern, heißt, dem Partner eine faire Chance zu geben. Alles andere ist ein offenes Tor zu Missverständnissen und Vorwürfen.

In Beziehungen Bedürfnisse und Sehnsüchte äußern

Erwachsenwerden ist kein Selbstläufer, vielleicht im biologischen und physiologischen Bereich, aber sicher nicht auf der seelischen Ebene. Gerade Paarbeziehungen sind die chancenreichste Bühne, um all diese unbewussten Bedürfnisse und Sehnsüchte ans Licht zu bringen und mit ihnen offener umzugehen. Mit einem Partner sind wir wieder am nähesten dran an der emotionalen Welt unserer Kindheit. Nur, es ist so verdammt schwer, das Heute und Damals zu unterscheiden und solche Konflikte und Herausforderungen ohne Vorwürfe an den anderen zu bewältigen. Es gilt aber auch hier die Erkenntnis: Je emotionaler ein Streit zwischen Partnern geführt wird, umso größer die Wahrscheinlichkeit, dass es um sehr kindliche Verletzungen und Bedürfnisse geht.

Es ist ein nicht ganz leichtes Stück, von der schönen Illusion des so sensiblen Partners mit der magischen Kunst des „Augen-Ablesens“ Abschied zu nehmen und einem ganz normalen und realen Menschen in die Augen zu schauen und ihm zu sagen: „Du, ich hätte gerne und würde mich so freuen, wenn du.....“ Und vielleicht schauen sich beide an und seufzen: „Ja, ja, das verlorene Paradies!“

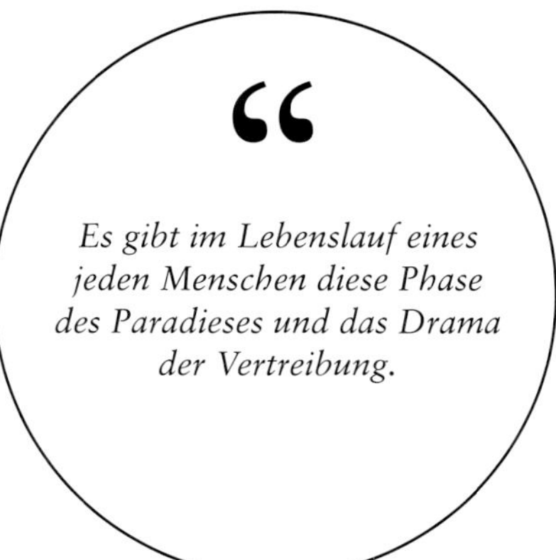

39

DIE KLEINEN GESCHENKE

Der Wert nichtmaterieller Gaben

39

DIE KLEINEN GESCHENKE

Der Wert nichtmaterieller Gaben

Die zwar nicht bedeutsame, aber doch unangenehme Not kennt fast jeder: Man möchte jemandem etwas schenken, der bedauerlicherweise aber schon alles hat und sich auch alles leisten kann. Und der womöglich nicht einmal eine ach so dankbare (für das Schenken) Marotte oder Schwäche für nutzlose Dinge hat. Was soll man schenken? Und mit dem Geschenk sollte ja auch etwas rübergebracht werden von Kreativität, Aufmerksamkeit und Wertschätzung.

In einer Gesellschaft, in der ganz offensichtlich viel Wert auf Äußerlichkeiten, auf materiellen Wohlstand, auf sichtbare und eindrucksvolle Status-Symbole und vorzeigbaren Besitz gelegt wird, scheinen so manch kleine und unscheinbare Dinge aus dem Bewusstsein zu verschwinden: Werte, die sich nicht aufdrängen und großspurig Raum suchen. So etwas wie Achtsamkeit, Wertschätzung und Interesse am Anderen. Die Fähigkeit, geduldig und aufmerksam zuzuhören, sich einzufühlen in ein Gegenüber, Empathie und Mitgefühl glaubwürdig und ehrlich zu zeigen. Sich ganz schlicht Zeit nehmen für die Bedürfnisse und Erwartungen eines Mitmenschen.

Was kann man eigentlich heute noch Sinnvolles schenken?

Zeit ist Geld, lautet ein typisches Motto unserer heutigen praktischen „Lebensphilosophie". Man möchte den Spruch gerne mal etwas abändern, ganz im Sinne der oben angesprochenen Frage, was kann man eigentlich heute noch Sinnvolles schenken: Zeit statt Geld! So einfach klingt das! Und schon hört man die skeptische Bemerkung: „Na ja, Zeit, aber wird das auch als wertvolles Geschenk gewürdigt?" Damit solche Geschenke, sowohl vom Beschenkten, wie auch vom Schenkenden wirklich als Wert und Wertschätzung beurteilt und gewürdigt werden, bedarf es einer besonderen Beziehung zwischen beiden. Wer voneinander weiß, wie sehr jeder eingebunden und eingezwängt ist zwischen Terminen, Aufgaben, Anforderungen und Erwartungshaltungen, sowohl im Beruf wie auch im Privatleben, der weiß um die Zeitnot, mit der jeder zu kämpfen hat. Und aus diesem – im übertragenen Sinne – schmalen Geldbeutel auch noch etwas abzuzwacken, das bedeutet wirklich Mut und Stärke und – ja – auch Liebe zum anderen.

Dieses sanfte und unaufdringliche „Zeit-Geschenk" könnte man sich vorstellen wie ein Teil aus einer ganz besonderen Geschenke-Box, in der so manches andere an außergewöhnlichen und feinfühligen Geschenke-Ideen zu finden ist. Wer etwas achtsamer und aufmerksamer seine Umwelt, seine Mitmenschen betrachtet, vor allem die, mit denen man intensiver und auch inniger zu tun hat, dem wird nicht entgehen, was für Bedürfnisse und Sehnsüchte viele von uns oft unausgesprochen mit sich tragen.

Wer spürt nicht, zumindest immer wieder einmal stärker, die Sehnsucht, für seine Arbeit, für seinen Einsatz oder gar für seine Opferbereitschaft in der Familie, im Beruf oder im Bemühen für andere eine ehrliche Anerkennung, ein ganz bewusst ausgesprochenes Lob oder aufrichtige Dankbarkeit zu erfahren. Ja, der berühmte Blumenstrauß, der oft als das offenkundige Symbol der Aufmerksamkeit und Dankbarkeit angesehen wird, ist schon auch recht. Und den Floristen soll auch nicht die Existenzgrundlage entzogen werden, weil man andere Wege der Dankbarkeit aufzeigen möchte.

Aber wie tief kann es einen Menschen berühren, wenn er zum Beispiel von seinem Partner oder von einem Sohn oder einer Tochter an beiden Händen genommen wird, ihm ganz offen und bewusst in die Augen geschaut wird und er hört: „Weißt du eigentlich, wie sehr ich deine liebevolle und fürsorgliche Art schätze und wie viel du mir damit schenkst? Und wie oft ich das eigentlich dir sagen müsste und möchte, und dann doch leider oft vergesse und nicht ausspreche?“ Müssen da noch viele andere materielle Geschenke dazugegeben werden, damit es glaubhaft und wirkungsvoll ist?

Ein einfaches Lächeln schenken

Als ein glaubwürdiges Vorbild für einen Menschen, der im Schenken von so kleinen und doch so wertvollen Geschenken so freigebig und selbstlos war, kann man getrost die oft zitierte Mutter Teresa bezeichnen. „Wir werden niemals erfahren, wie viel Gutes ein einfaches Lächeln bewirken kann“, ist eine ihrer schlichten und so ehrlichen Aussagen. Gerade für so spontane und alltägliche Situationen und Begegnungen kann ein Lächeln einem anderen Menschen ein so unerwartetes und deshalb oft umso wirksameres Geschenk sein. Oft betrachte ich etwas bewusster in Fußgängerzonen oder in vorüberfahrenden Autos die Gesichter von Menschen.

Wie wenige sieht man mit lächelndem Gesicht! Wie ernst und verbissen schauen die meisten. Und wie schaut es in den Büros, auf den Gängen von Fabriken und Werkstätten aus? Wie wenig bedarf es, um dort ein klein wenig Aufhellung mit einem Lächeln, einem freundlichen Gruß zu bringen? Solche Türen kann ein Lächeln öffnen, wie Christian Morgenstern meint: „Lachen und Lächeln sind Tor und Pforte, durch die viel Gutes in den Menschen hineinhuschen kann.“

“

In einer Gesellschaft, in der ganz offensichtlich viel Wert auf Äußerlichkeiten gelegt wird, scheinen so manch kleine und unscheinbare Dinge aus dem Bewusstsein zu verschwinden.

40

WIE KNACKT MAN EINE NUSS?

Die liebevolle Tugend der Geduld

40

WIE KNACKT MAN EINE NUSS?

Die liebevolle Tugend der Geduld

„Das nehme ich heut' mit heim!" Wie schön, wenn man so eine überzeugende Bemerkung nach einem Vortrag, einer Predigt oder einem Gespräch aussprechen kann. Wenn man von etwas berührt worden ist, einer Geschichte, einem Wort, einer Empfehlung, das von einem Redner oder Prediger an sein lauschendes und aufmerksames Publikum rübergebracht wurde. Meiner Erfahrung nach geschehen solche berührenden und bewegenden Momente bei Reden, die sehr authentisch und losgelöst sind von vorgefertigten Konzepten und Manuskripten. Begnadete Redner fesseln ihr Publikum durch freie Rede, mit ständigem Blickkontakt zu ihren Zuhörern. In einem amüsanten Beitrag im Internet wurde unter der Überschrift „Power ohne Point" augenzwinkernd die Allgegenwart des PowerPoint-Vortrages etwas aufs Korn genommen und dafür plädiert, wieder mehr der schlichten freien Erzählkunst eine Chance zu geben.

Don Bosco und seine Beziehung zu jungen Menschen in schwierigen Lebensphasen

Genau in dieser Weise wurde ich vor kurzem bei einer Predigt eines Salesianer-Paters berührt und nachhaltig angesprochen. Dass seine überwiegend freie und so wunderbar unkomplizierte Art des Predigens auch noch unverkennbar mit meinem geliebten schwäbischen Heimat-Dialekt durchzogen war, machte mein Interesse wahrlich nicht schwächer. Er wollte den Gottesdienstbesuchern zum Anlass des Don-Bosco-Festes ein paar grundsätzliche Gedanken dieses ungewöhnlichen und so menschenfreundlichen italienischen Heiligen Don Bosco näherbringen.

Die meisten wissen zumindest andeutungsweise von seinem großen Geschick, mit jungen Menschen in Kontakt und in Beziehung zu kommen. Sein Herz und seine Liebe galten vor allem den jungen Menschen, denen das Lebensschicksal nicht so hold war und die oft ohne Liebe und ohne ein Daheim auf der Straße aufgewachsen und der zunehmenden Verwahrlosung ausgesetzt waren. Dass es nicht einfach war, solchen teilweise auch in die Kriminalität abgerutschten jungen Menschen nahezukommen und ihr Zutrauen und ihr Vertrauen zugewinnen, kann man sich ohne weiteres denken. Wie dieser katholische Priester Johannes Bosco einen seiner wichtigsten Grundsätze in die Tat umsetzte, das war eines der Themen dieser Predigt des Salesianer-Paters. „Den guten Kern in einem Menschen zu suchen und zu finden", das war das Herzensanliegen des unermüdlichen und so kreativen Seelsorgers aus Turin. Wie findet man den guten Kern in einer harten Schale? So wie das Herz dieser vom Schicksal gebeutelten Jugendlichen verhärtet war?

Zwei Arten, um an den Kern der Sache zu gelangen

Dazu brachte der Prediger ein wunderbares Beispiel, wie es Don Bosco demonstrierte: Er zeigte, wie man bei einer harten Nuss in verschiedener Weise versuchen konnte, an den inneren Kern heranzukommen. Dazu hieb er mit dem Hammer mit voller Wucht auf diese Nuss. Das Ergebnis: die Zertrümmerung der Schale mitsamt ihrem Kern.

Dann nahm er einen Blumentopf und legte sachte eine Nuss hinein. Erst einmal Raum schaffen. Dann häufte er Stück für Stück Erde in diesen Blumentopf und über diese Nuss. Das bedeutet, die Bedingungen zu schaffen, in denen etwas sich entwickeln kann. Die nötige Sonnenwärme und das Wasser zum Begießen als weitere Voraussetzungen zu ermöglichen. Und jetzt die Geduld aufzubringen, um darauf zu warten, dass dieser weiche gute Kern seine wirkliche Kraft entwickeln kann, um die harte Schale zu durchbrechen und seine ganze Wachstumskraft zu entfalten.

Nicht nur Eltern und Erzieher oder alle, die mit dem Heranwachsen von Kindern befasst sind, können aus dieser so schlichten und doch berührenden Geschichte so viel entnehmen. Auch für seine eigene seelische Entfaltung und Befreiung kann jeder selbst Wegweiser und Aufruf finden. Es braucht vor allem Vertrauen, dass in jedem das Potential zum Wachsen und Werden vorhanden ist. Aber auch das Wissen darum, was die Bedingungen und die Voraussetzungen sind für so ganz unterschiedliche Wesen. Und dass der toskanische Spruch auch für vieles in unserem Leben gilt: „Die Olive wächst nicht schneller, wenn du daran ziehst." Um wirklich geduldig und gelassen zu sein, brauchen wir ein Vertrauen, das aus der Liebe entspringt.

Ein von mir geschätzter Therapeut hat besorgten und bemühten Eltern eine Weisung für den Umgang mit ihren Kindern mitgegeben. Aus eigener schmerzhafter Erfahrung mit seinem Sohn, der durch eine äußerst schwierige Lebensphase musste, hat er versucht, den Eltern Mut und Vertrauen gegenüber ihren Sorgen zu vermitteln: „Ihr könnt euren Kindern letztendlich nicht wirklich helfen, indem ihr alles unternehmt, um sie vor Schaden zu bewahren. Ihr könnt ihnen nur euer bedingungsloses Vertrauen geben." Das kostet viel Mut! Und Geduld!

41

AUFRÄUMEN

Eine besondere Lebensaufgabe

41

AUFRÄUMEN

Eine besondere Lebensaufgabe

Ist dieses Wort oder die Ermahnung: „Aufräumen" schon der sichere Garant bei Pubertierenden, den inneren Dampfkessel zum Explodieren zu bringen oder zur inneren Emigration zu führen? Oft wird die Wirkung dieses Aufrufes oder moralischen Appells auch im weiteren Lebensverlauf nicht unbedingt friedvoller. Sicher, es gibt Menschen, die direkt lustvoll alles entsorgen, noch ehe es richtig die Wohnung erreicht hat. Ihre Wohnung könnte zu jedem Zeitpunkt ohne Ankündigung von Fotografen und Designern für Wohnungs-Einrichtungs-Kataloge besucht werden. Ich weiß nicht, ob ich sie beneiden oder ob der keimfreien Wohnatmosphäre bedauern soll.

Tatsache ist, dass in meiner Wohnung die meisten Gegenstände, die irgendwie auf allen möglichen Wegen mein Nest erreicht haben, genussvoll dauerhaftes Wohnrecht in Anspruch nehmen. Und jetzt soll man aufräumen, sagt da ein kluges Ratgeber-Buch über besseres Lebensgefühl! Der Kopf ist auch sofort Verbündeter für diese Idee.

Lebenslanges Wohnrecht für die liebgewonnenen Sachen

Aber, da gibt es eben Dinge, die haben sich mit etwas anderem verbündet: Briefe zum Beispiel, oder Zeitungs- oder Illustrierten-Exemplare, oder Bücher oder nostalgische Gegenstände aus Kinder- und Jugendtagen oder Relikte von irgendwelchen temporären Sammelleidenschaften. Bevor man sich von solchen Dingen trennt, müssen sie erst noch einmal genauer betrachtet werden. An ihnen hängen Erinnerungen, Gefühle, Erlebnisse, innere Bilder und Werte, die nicht näher zu benennen sind. Und dann kommt da von Irgendwoher der emotions- und gnadenlose Ruf: „Tu jetzt nicht lang rum und schmeiß einfach alles weg!" Ja, wenn man so genau wüsste, ob man diese Zeitung, diese Fotos oder diese Broschüre nicht doch noch einmal brauchen könnte?? Und dieser große Kalender mit all den wunderschönen Bildern! Ja, gut, er ist seit vielen Jahren abgelaufen. Aber die Bilder sind doch so schön!! Und in den dunklen Abgründen eines Schrankes entdeckt man plötzlich eine Schachtel mit all den alten Kinderbüchern. Die muss man doch jetzt unbedingt noch einmal durchblättern. Welche Gefühle kommen da nicht hoch mit ach so vertrauten Zeichnungen und Bildern. Ein wenig meint man, als ob einen der Hauch von Kindertagen umweht, in denen man auf Papas Schoß mit großen Augen all das Geheimnisvolle immer und immer wieder betrachtet hat. Und das jetzt so völlig emotionslos in die Papiertonne werfen? Es ist wie mit den vielen aufgehobenen Briefen. Man hat ein Gefühl, als ob man mit den Gegenständen ein Stück Lebenswelt und -wirklichkeit entsorgt. Als ob alles, so lange es noch in Raum und Gegenwart war, nicht ganz vorbei sein kann. Bisher gehörte es einem immer noch! Kann man das wirklich so ganz ohne schlechtes Gewissen und ganz ohne etwas Trauerschmerz machen? Und dann gibt es da noch eine besondere Herausforderung und Bewährungsprobe: Der Kleiderschrank! Ja, wenn nur alles so wirklich altmodisch und potthäßlich wäre, dann wär es kein Problem! Aber die Hose könnte vielleicht doch noch passen, wenn man den schon lange geplanten Diätkurs mal angeht. Und in dem Verlobungskleid hängt halt doch noch die ganze romantische Geschichte von damals. Und zumindest – das gilt vor allem für die Männer – braucht man ja auch Kleidung für die Arbeit in Haus und Garten! Dafür taugt das alles noch sehr gut! Und in jedem Fall nimmt die Faschingskiste auf dem Dachboden immer noch gerne mögliche Verkleidungskostüme auf. Die meisten würden bei gutem Verstand erkennen, dass die aufbewahrten und zurückgehaltenen Kleidungsstücke ausreichend wären, um eine halbe Arbeitskolonne oder eine mittlere Faschingsgesellschaft zu versorgen. Aber, loslassen ist halt so schwer!

Besondere Gegenstände in unserer Konsumgesellschaft

Und ist es nicht auch eine so sympathische Seite von Menschen, dass sie an manchen Dingen einfach hängen und mit ihnen solche tieferen Gefühle und Erinnerungen verbinden? In einer Welt, die auf möglichst ungebremsten Konsum und Verbrauch ausgerichtet ist, in der Alltagsgegenstände oft keine lange Verweildauer und Lebenszeit in einer Familie haben, kann auch die Gefahr bestehen, unverbindlich zu bleiben. Nicht mehr verbunden mit Dingen, die einen täglich begleitet und einem gedient haben. Ist es nicht schön, wenn erwachsene Enkel zur Oma kommen und schwärmen, wenn sie immer noch den alten blauen Topf bei ihr entdecken, aus dem ihnen in der Kinderzeit die Lieblingsspeise ausgeteilt wurde? Vielleicht hängt in manchen Gegenständen tatsächlich mehr Wirklichkeit unseres Lebens, als wir wissen.

Als ich über zwei Jahre lang aus dieser Hoffnung heraus, das Räumen besser zu lernen, eine wöchentliche Zeitschrift des renommierten „Ordnungs-Papstes“ Werner Ticke Küstenmacher bezogen hatte, musste ich reumütig den Vertrag kündigen. Mein Kündigungsgrund wurde vom Verlag auch prompt akzeptiert: Durch die Zeitungslieferung mit den Räumungsvorschlägen hatte ich nach zwei Jahren noch einen Stapel mit ungenützten Zeitungen mehr!

“

Und in den dunklen Abgründen eines Schrankes entdeckt man plötzlich eine Schachtel mit all den alten Kinderbüchern...

42

LEHRSTUNDEN AM FLUSS

Eine meditative Wanderung am Fluss

42

LEHRSTUNDEN AM FLUSS

Eine meditative Wanderung am Fluss

Nun radeln sie wieder. Das Radwandern hat Hochkonjunktur. Ich wandere lieber radlos, nicht ratlos. Denn den Wanderer erwarten nur gute Ratschläge durch liebevoll und fürsorglich gesetzte Wegweiser. Aber ich wandere am liebsten allein. So werden meditative Gedanken nicht durch belanglose Plaudereien gestört. Wer beruflich so viel mit Sprache, mit Zuhören und Reden zu tun hat, ist dankbar, wenn es mal ohne Sprache geht. Die Stille beim Wandern ist wie eine Aufladestation.

Und es gibt wahrlich Wanderwege, die haben gewissermaßen die Meditation schlichtweg implantiert. Zum Beispiel Wege, die einen Fluss von der Quelle bis zu seiner Mündung begleiten. Ausgangspunkt ist der Ort, wo der Fluss entspringt. Praktisch sein Geburtsort. Braucht es da eine große geistige Anstrengung, um die Parallele zum eigenen Ursprung zu finden? So kann man mit etwas dankbarem Gefühl für seine eigene Herkunft die Wanderung starten. Ein stiller Gruß an die, von denen man dieses Leben bekommen hat. An das Leben selbst, an die Eltern, an einen Schöpfer.

Wie der Bach sich zum Fluss entwickelt, entwickeln sich unsere Kinder

Die ersten Meter des kleinen Rinnsals lassen für den, der den Fluss nicht in seiner Gesamtheit kennt, nie erahnen, was aus ihm nach vielen, vielen Kilometern wird. Geht es uns nicht manchmal so mit unseren Kindern? Was wissen wir überhaupt, was das Leben aus ihnen im Lauf der Jahre macht. Was in unseren eigenen kleinen Kindern steckt? Was sie entfalten und entwickeln können? Wir können sie jedoch mit Vertrauen, Zuversicht und wohlwollendem Verständnis begleiten. Und wie der schmale Bach mit dem zunehmenden Lauf auch andere kleine Gewässer aufnimmt, widerfährt es auch dem heranwachsenden Kind. Viele äußere Einflüsse kennen wir nicht und können sie auch oft nicht steuern. Und doch prägen sie unser Leben teilweise sehr entscheidend. Wie bei dem jungen Fluss können sie uns mehr und mehr erweitern. Ob sie unser Vertrauen, unsere Sicherheit in das Leben und den Mut zu neuen Schritten fördern oder eher unser Misstrauen, unsere Ängste und Zurückhaltung bedingen, kann an vielen Dingen liegen.

An manchen Stellen weicht der Weg etwas von dem Bachbett ab. Einige Zeit ist der Flusslauf nicht mehr zu sehen. Es erinnert mich an so manchen Patienten, der etwas traurig darüber erzählt, dass es in seiner frühen Kindheitsgeschichte Zeiten gibt, an die er sich überhaupt nicht erinnern kann. Als ob er sich von seiner eigenen Lebensspur entfernt hätte. Und doch hat sein Leben einen lückenlosen Verlauf in der Realität. Nicht aber in seiner Erinnerung. Die Ursachen können vielfältig sein. Manchmal will etwas nicht schonungslos aufgedeckt sein. Diese versunkenen Zeiten aber verdienen gerade deshalb eine Würdigung und Wertschätzung. Vielleicht ist dort besonders viel geleistet und überwunden worden. Oft unfreiwillig.

Immer wieder aber führt der Weg zurück zum Fluss. In seinem weiteren Verlauf durchwandert er in vielen Windungen so ganz unterschiedliche Landschaften. An manchen Stellen füllt er Fischweiher mit frischem Wasser auf, und sogar heute noch zieren seine Ufer an anderen Stellen so manche alten Mühlen. Die meisten brauchen nicht mehr seine Energie und Unterstützung. Aber sie war früher sehr gefragt und benötigt. Auch das kann zu so manchem Nachdenken anregen. Seine Kraft und Energie behält er nicht für sich allein, sondern stellt sie ungefragt in den Dienst von anderen Aufgaben. Es erinnert mich an einen Spruch des ehemaligen Präsidenten der USA, John F. Kennedy, der in einer Rede an seine Nation, vor allem auch an die jungen Menschen dort, beschwor: „Fragt nicht, was euer Land für euch tun kann, sondern was ihr für euer Land tun könnt!“ Worte, die eigentlich zu keiner Zeit unnütz waren. Aber in unserer Zeit scheint so eine Aufforderung ganz besonders notwendig zu sein, nicht nur für den Einzelnen, sondern auch für ganze Gesellschaften und politische Systeme und Verantwortliche. Dabei könnte man anstelle des Wortes „euer Land“ getrost das Wort „Frieden“ oder „Wohlstand“ oder auch „europäische Gemeinschaft“ einsetzen.

Was Hesses Siddharta vom Fluss lernte

Wer sich gerade mit der übertragenen oder symbolischen Bedeutung des Flusses ausführlicher befassen möchte, dem lege ich wärmstens ein Buch von Hermann Hesse ans Herz. In seinem Werk „Siddharta“ spielt die Begegnung mit und das Verweilen am Fluss dieses Siddharta eine so tiefe Rolle. An einer der schönsten Stellen sagt er: „Mehr aber als Vasudeva ihn lehren konnte, lehrte ihn der Fluss. Vor allem lernte er von ihm das Zuhören, das Lauschen mit stillem Herzen, mit wartender, geöffneter Seele, ohne Leidenschaft, ohne Wunsch, ohne Urteil, ohne Meinung.“

Nicht immer muss man sich in die tiefen Weisheiten eines Hesse'schen Siddhartas begeben. Manchmal genügt es, zum Beispiel das Handy und jegliche Eile daheim zu lassen und sich so ganz schlicht der Lehrstunde am Weg und am Fluss zu überlassen. Zumindest ab und zu mal.

43

DER ÜBERGANG IN EINE NEUE ZEIT

Eine wertvolle Jahreszeit

43

DER ÜBERGANG IN EINE NEUE ZEIT

Eine wertvolle Jahreszeit

Die Blätter fallen, fallen wie von weit. Als welkten in den Himmeln ferne Gärten…" Ich weiß gar nicht, wie oft ich diese Zeilen aus dem Gedicht von Rainer Maria Rilke mir selber zitieren müsste, bis sie ihren unbeschreiblichen Reiz für mich verlieren würden. Immer wieder bin ich berührt von der Tiefe, mit der dieser wortgewaltige Dichter in eine Jahreszeit einführt, die so unterschiedlich erfahren und erlebt wird. Die einen sprechen vom goldenen Oktober und sehen vor sich die in Farbenpracht entflammten Bäume und die glasklare blaue Himmelskuppel, die sich über satten, von der Ernte befreiten Erdschollen wölbt.

Für die meisten ist es auch gar keine Frage, dass man sich über diese Jahreszeit kindlich freuen und die Wochen einfach unbeschwert genießen kann. Sehen wir einmal ab von der für so manche etwas weniger erfreulichen Tatsache, dass für Schüler und Lehrer mit Beginn dieser Jahreszeit immer auch das Ende der großen Ferien und der Beginn eines nicht immer so geliebten Schuljahres zusammenfällt, dann müsste man eigentlich diesen Monaten des Herbstes nur gute Gefühle entgegenbringen.

Die wichtige Arbeit ist getan, alle Mühen zeigen sich als berechtigt

Für die Landwirte ist die wichtigste Arbeit getan und alle Mühen und Anstrengungen zeigen sich als berechtigt und erfolgreich. Auch wenn unsere Gesellschaft heute nicht mehr diesen unmittelbaren Zugang und die enge Verbundenheit zu diesen Arbeiten und Abläufen in der Landwirtschaft hat, so werden wir doch alle mit dem Blick auf umgepflügte Äcker und abgeerntete Felder mit den Veränderungen in der Landschaft konfrontiert. Für die einen kann dieses Bild wie eine beruhigende Bestätigung sein, dass es sich lohnt, im übertragenen wie ganz konkreten Sinn, beizeiten auszusäen, sich anzustrengen, Ziele zu setzen und zu verfolgen.

Für andere aber ist diese Jahreszeit alles andere als eine goldene Phase. Sie sehen, oft sogar unabhängig von der momentanen Wettersituation, den Weg dieser Monate hinein in die Dunkelheit, in kürzere Tage und längere Nächte und dumpfe Nebelbänke mit Unbehagen und sogar Ängsten. Mit Hermann Hesse erlebe ich so einen Menschen dieser Seite. Man weiß von seiner Lebensgeschichte, dass ihm die tiefen und dunklen Seiten der Seele nicht fremd waren. Selbst wenn man es nicht wüsste, könnte man unschwer aus manchen seiner Gedichte erkennen, wie ihm zumute war. „Seltsam im Nebel zu wandern, einsam ist jeder Busch und Stein, kein Baum sieht den andern, jeder ist allein.“ Schon in den ersten Zeilen dieses Gedichtes von Hesse haucht einen die Schwermütigkeit an, die viele Menschen kennen, die von depressiven und pessimistischen Stimmungen erfasst sind. Alle, die mit der Betreuung oder therapeutischen Arbeit mit betroffenen Personen befasst sind, wissen, dass für die meisten diese Zeit des Jahres eine ganz besondere Hürde und Belastung ist. Ganz natürlich sind die Vorgänge in der Natur jetzt eng verbunden mit der Symbolik des Abschiednehmens, des Vergehens und des Absterbens.

Für die einen ist dies eine meditative Anregung und ein fruchtbares Innehalten und Nachdenken über die Selbstverständlichkeit der Lebensabläufe. Ich persönlich bin immer wieder dankbar, in einer Region zu leben, in der mir die Natur gar keine Chance lässt, nur im sonnigen und wolkenlosen Modus dahinzuschwelgen. Dieser Wechsel von Temperatur, Wetter sowie Licht und Dunkel zeigt einem auch ohne Meditation eindeutig, wie auch das Leben sich zeigt. Und dass es zu leben und zu bewältigen ist. Für die anderen kann man kaum treffender das Gefühl und das innere Erleben beschreiben, als es Hermann Hesse in seinen letzten Zeilen des Gedichtes ausspricht: „Seltsam im Nebel zu wandern, Leben ist Einsamsein, kein Mensch kennt den andern, jeder ist allein.“

Immer wieder bin ich beeindruckt von der großartigen Fähigkeit von Dichtern, Lebenstatsachen und menschliche Schicksale in einer Weise auszudrücken, die nicht allein aus ihnen selbst kommen kann. Sie müssen eine Verbindung zu etwas haben, was nicht vielen Menschen zugänglich ist.

Verständnis ist wichtig und wertvoll

Denjenigen, die von solchen tiefen Stimmungen beherrscht sind, braucht man solche Worte nicht übersetzen oder deuten. Sie fühlen und erleben es. So mancher Angehöriger tut sich schwer, solche seelischen Zustände zu verstehen. Aber Verständnis ist so wichtig und wertvoll und hilft, wenigstens sachte auch auf die Schönheiten dieser Jahreszeit aufmerksam zu machen. Und Mut zu machen. Wieder ist es die Kunst des Dichters, der in wunderschönen Worten so Beruhigendes und Tiefgehendes zu sagen weiß. Man mag religiös so oder so orientiert oder verwurzelt sein, in jedem Fall gelingt es Rainer Maria Rilke, in seinem Herbstgedicht mit den letzten Versen eine Selbstverständlichkeit des Lebens auszudrücken und die Menschen nicht einfach einer Trostlosigkeit und Angst zu überlassen, sondern ihnen eine Wahrheit auszusprechen, der er vertraut: „Wir alle fallen, diese Hand da fällt. Und sieh dir andre an: es ist in allen. Und doch ist einer, welcher dieses Fallen unendlich sanft in seinen Händen hält!“

Der Wechsel von Temperatur, Wetter sowie Licht und Dunkel zeigt einem auch ohne Meditation eindeutig, wie auch das Leben sich zeigt.

44

ERNTEZEIT

Die letzte Jahreszeit

44

ERNTEZEIT

Die letzte Jahreszeit

Herr, es ist Zeit! Der Sommer war sehr groß!" Selten haben diese ersten Worte aus dem Gedicht „Herbsttag" von Rainer Maria Rilke eine solche Aktualität und Realität beschrieben wie in diesem Jahrhundert-Sommer. Auch wenn sich mit diesen schier endlosen Wochen mit strahlend blauem Himmel und unbändiger Wärme teilweise ein ungutes Gefühl verbindet ob der Ahnung von Auswirkungen einer Klimakatastrophe, es bleibt trotzdem ein Traum von Sommer. Was die Ernteerträge anbelangt, wird es natürlich unterschiedlich beurteilt. Wo die einen jammern und klagen über große Verluste aufgrund gravierenden Wassermangels jubeln die anderen, wie etwa die Weinbauern, über selten übertroffene Qualität und Quantität einer Jahresernte. Für Menschen, die in solcher Abhängigkeit den Launen der Natur ausgeliefert sind, hat die Tradition des christlichen Erntedankfestes natürlich eine ganz andere Bedeutung als für Menschen mit anderen Berufen und Lebensfeldern. Da weiß man wirklich um den Wert und die Berechtigung der Dankbarkeit. Überall da, wo nicht die Selbstverständlichkeit, sondern das Erleben von Abhängigkeit und Ausgeliefertsein das Bewusstsein beherrscht, hat die Dankbarkeit tiefe Wurzeln.

Uns umgibt eine Sicherheitsdecke – aber die kann dünn sein

In unserem Alltagsleben meinen wir oft, dass vieles doch selbstverständlich ist. Und es ist ja auch gut und wertvoll, dass wir nicht ständig mit Ängsten, Befürchtungen und Zweifeln durchs Leben gehen müssen. Unsere Psyche hat uns glücklicherweise genügend Mechanismen mitgegeben, die uns helfen, nicht zu viel unter Ängsten und Grübeln leiden zu müssen. Die bekannten Abwehr- und Verdrängungsmechanismen schützen unser Alltagsleben und machen es zuweilen sorgenfrei. Bei einem ganz banalen und doch so nachdenkenswerten Erlebnis ist mir dies wieder ins Bewusstsein gekommen. Ich stand vor Kurzem auf einer Brücke, die über eine belebte Autobahn führt. Beim Blick direkt von der Brüstung nach unten auf die Fahrbahn kann man kaum glauben, mit welcher Geschwindigkeit die Fahrzeuge unter der Brücke hervorschießen, als ob sie von einer Kanone abgefeuert wären. Ich habe mich schon gefragt, wenn allen Fahrern dort unten genauso eindrucksvoll wie mir im Moment bewusst wäre, mit welch hohem Tempo und damit genauso hohem Risiko sie im Moment unterwegs sind, würden sie so unbedenklich weiterfahren? Aber so ist es sicher in vielen Alltagssituationen, dass wir unbewusst ausblenden können, was eigentlich alles passieren oder schiefgehen könnte. Überall da, wo diese hilfreichen Verdrängungsmechanismen versagen oder nicht richtig funktionieren, wird deutlich, wie dünn unsere Sicherheitsdecke ist. Man kennt dies von Menschen, die ständig in sich hineinhören, was in ihrem Körper gerade krank sein könnte, welche Nahrung Schaden anrichten oder gefährlich sein könnte oder welche unguten Folgen ein bestimmtes Tun gerade haben könnte. Wer von Panik- und Angstattacken geplagt ist, weiß um diese große Gnade der Unbekümmertheit, die auch eine gute Folge unserer psychischen Mechanismen ist.

So kann auch diese Jahreszeit, die auch als Erntezeit gilt, einen Impuls geben, einmal kurz innezuhalten und sich bewusst zu werden, was vielleicht gar nicht so selbstverständlich ist, wofür ich dankbar sein darf. Von Ängsten, gesundheitlichen Sorgen oder zu bedrückenden Zweifeln verschont zu sein. Eine Ernte einfahren zu dürfen an Erfahrungen, Erlebnissen und Begegnungen. So ein dankbarer Rückblick kann über das ganze Jahr, über eine bestimmte Zeit oder auch über den heutigen Tag ausgerichtet sein. In einer Welt, in der man ungewollt oder unbewusst von medialen Einflüssen und Einwirkungen umgeben und bedrängt ist, muss man sich manchmal fast zwingen, auszusteigen und Abstand zu gewinnen. Den schon rituellen Griff zum Handy, zum Einschaltknopf des Radios oder Fernsehers einmal zu unterlassen und sich für einige Momente der Stille, dem bewussten Untätig-Sein auszusetzen. Und der Erinnerung einen Raum, eine Chance geben, mir solche Erntebeiträge zu liefern.

Wo gibt es denn in meinem Leben solche Erfahrungen wie bei Menschen in der Landwirtschaft und in der Arbeit mit der Natur, dass ich angewiesen war auf Einflüsse, auf Wirkungen und Gegebenheiten von außen? Wo ich Abhängigkeiten erlebt habe und mir ein gutes Schicksal gewogen war? Von welchen Menschen war ich abhängig, von deren Gunst oder Wohlwollen?

Zeit nehmen für ein persönliches Erntedankfest

Ich könnte mir gut vorstellen, dass man selber mal Phantasie und Kreativität entwickeln kann, um analog zu dieser Tradition des Erntedankfestes gewissermaßen ein ganz persönliches Erntedankfest zu feiern. Zum Beispiel den oder die Menschen zu einer kleinen Feier, einem gemeinsamen Essen oder Ähnlichem einzuladen, denen man dankbar ist, weil sie so etwas waren wie die Natur, das Klima, das gute Ernte ermöglichte. So etwas könnte vielleicht sogar der Partner sein.

“

Überall da, wo nicht die Selbstverständlichkeit, sondern das Erleben von Abhängigkeit und Ausgeliefertsein das Bewusstsein beherrscht, hat die Dankbarkeit tiefe Wurzeln.

45

NOVEMBERBLUES

Dunkle Zeiten
und Gefühle

45

NOVEMBERBLUES

Dunkle Zeiten und Gefühle

Wer unter dem, was mit diesem Wort „Novemberblues“ allgemein bezeichnet wird, wirklich massiv zu leiden hat, kann mit diesem Wort nicht viel anfangen. Dazu ist es viel zu ernsthaft und lebensbelastend, als dass man hier mit Vergleichen aus der Musikgeschichte kommen darf. Dass die Musikgattung „Blues“ wirklich etwas mit dem Thema „Trauer“ und „Schmerz“ zu tun hat, weiß man ja aus der Historie. Aber mit dieser Art musikalischer Interpretation haben viele unterdrückte und ausgebeutete afrikanische Sklaven vor allem in den Feldern von Plantagenbesitzern aus den Südstaaten der USA zwar ihr Leid besungen, aber vor allem damit auch sich Mut und Durchhaltevermögen zugesprochen. Ich glaube kaum, dass Menschen, die in ihrer Novemberdepression hängen, aus solcher Musik sich Mut und Hoffnung holen können. Es zieht sie eher noch mehr runter.

Wenn die grauen, nebelverhangenen Morgenstunden runterziehen

Leider ist es eine nur allzu realistische Erfahrung, dass mit den Herbstmonaten, vor allem auch mit dem Monat November, für viele Menschen eine schwere Zeit beginnt. Sicher sind die grauen, nebelverhangenen Morgenstunden und die viel zu kurzen Lichtstunden der Novembertage für die meisten Menschen alles andere als Quellen der Lebenslust und Antriebsmotor für Tatendrang. Aber es ist etwas anderes, ob mich die fehlende Sonne und die relativ kurze Tageshelligkeit jetzt weniger zu Temperamentsausbrüchen wie in den herrlichsten Sonnentagen hinreißt oder ob ich wie in einem dunklen Tunnel zu versinken drohe. Klar, das Lebensgefühl von uns Menschen lebt vor allem auch von Licht und Wärme. Betroffene wie Angehörige sehen mit sehr zwiespältigen Gefühlen dieser Jahreszeit entgegen. Neurologen und Psychiater geben als einen allgemeinen Wegweiser für ihre Patienten immer die Warnung, ja nicht in dieser Jahreszeit ihre gewohnten Medikamente gegen Depression oder Angst- und Panikattacken abzusetzen. Ich weiß, dass viele Patienten so bald wie möglich loskommen wollen von dem, was sie als fremdbestimmte chemische Hilfe empfinden. Sicher kann es einem nach überstandenen seelischen Krisen ein Stück Selbstbewusstsein und Selbstvertrauen geben, wenn man es ohne Medikamente geschafft hat, wieder auf die Höhe zu kommen. Aber es sollte nicht eine unumgängliche Forderung sein. Es gibt seelische Not, in der es ohne Hilfe von Ärzten und Medikamentenverschreibungen ein aussichtsloses Martyrium wäre. Es geht nicht um heldenhaftes Durchkämpfen, sondern um das

Überbrücken von so tiefen Kluften, bis man wieder einigermaßen Boden unter den Füßen bekommt. In vielen Untersuchungen und Berichten wird immer wieder bestätigt, was die größten Chancen bringt, aus depressiven Phasen wieder aufzutauchen. Neben Medikamenten, die inzwischen ja wesentlich gezielter und spezifischer ansetzen können, ist es vor allem auch die Hilfe durch psychotherapeutische Gespräche und Begleitung. Als dritter Faktor für eine effektivere Hilfe wird immer „Bewegung" genannt. Dabei ist vor allem an körperliche Bewegung, ob dosiertes Joggen, Walken oder einfach Spazierengehen gedacht. Sowohl Betroffene selbst als auch Angehörige wissen allerdings um die enorme Mühe und die Schwere, sich aufzuraffen, sich aufzumachen und aus dem Haus zu gehen. Es ist oft eine Gratwanderung mit der Entscheidung: Soll man hartnäckig bleiben und gnadenlos darauf bestehen, dass nun eben Bewegung angesagt ist, oder soll man Nachsicht und Geduld bewahren und den depressiven Menschen schonen und ihm die Ruhe gönnen?

Bewegung im übertragenen Sinn – auch für den Geist

Es ist vor allem für die nicht einfach, hier das richtige Maß zu finden, die sich noch nie in einer solchen Lebenskrise erlebt haben. Depressive Krise ist nicht zu vergleichen mit gelegentlichen Stimmungs- und Gefühlsschwankungen. Und daher kommen Aufmunterungen und Aufrufe, sich doch ein wenig zusammenzureißen und guten Willen zu zeigen, wenig hilfreich an. Man tut gut daran, die geforderte „Bewegung" im umfassenden Sinn zu sehen. Also auch im übertragenen, geistigen Sinn, wenn Sport oder die körperliche Bewegung zu anstrengend sind. Das heißt, sich nicht zu sehr in die dunklen und belastenden Gedanken einzulassen, ihnen nicht zu viel Raum zu geben. Nach Möglichkeit so viel Ablenkung, Abwechslung und Unterbrechung von Gedanken-Kreiseln zu versuchen. Ob mit einem Telefonat, mit einer kleinen praktischen Beschäftigung, mit einem Gespräch, mit Bewegung innerhalb der Wohnung, mit einem Blick aus dem Fenster oder Ähnlichem. Nicht nur Menschen in schwerer seelischer Not brauchen gerade in dieser tristen Zeit immer wieder etwas, das Mut macht, das auf die hellere und bessere Zukunft hinweist. Der Dezember-Monat hat nicht umsonst mit der adventlichen Stimmung ganz besonders das Licht als Symbolik. Kerzen und Lichterketten sollen darauf hindeuten, dass wir wieder den helleren Tagen entgegengehen. Das am meisten hilfreiche Licht aber sind Menschen, die Mut machen, die Geduld und Mitgefühl aufbringen und denen zuverlässig zur Seite stehen, die gerade jetzt solche Menschen brauchen.

46
276
17. Mai. Abends.
277
Letzte Telegramme.

WENN DAS LEBEN LEISER WIRD

Ein besonderer Lebensabschnitt

46

WENN DAS LEBEN LEISER WIRD

Ein besonderer Lebensabschnitt

Es hat mich seltsam berührt und nachdenklich gemacht. Da liegt in der kleinen Kapelle auf der Bank direkt neben mir ein völlig zerschlissenes Gebetbüchlein. Auf der Umschlagseite sind das Titelbild und der Buchtitel kaum mehr zu erkennen, so abgegriffen ist es von deutlich sichtbaren Spuren häufiger Benutzung. Viele Seiten scheinen inzwischen lose geworden zu sein, werden von einem kleinen Gummiband zusammengehalten. Die Buchränder sind rund und zerschlissen. Eigentlich ist es gar nicht nur dieses unscheinbare Büchlein, das mich so magisch in den Bann zieht. Neben mir sitzt ein alter Mann. Sehr zerbrechlich, gebeugt und von Krankheit und Alter gezeichnet.

Eine Krankenschwester hat ihn mit liebevoller Fürsorge und Achtsamkeit in diese Bank hereingeführt. Und nun sitzt er direkt neben mir. Die Schwester hatte dieses kleine Gebetbüchlein von ihm in der Hand, das sie nun vor diesen Mann sorgsam auf die Bank legte.

Ein Büchlein, stellvertretend für eine Lebensgeschichte

Es war, als ob ich in diesem Moment mit etwas Besonderem in Berührung kam. Dieser alte, gebrechliche Mensch und sein wohl über alles geliebtes Büchlein ließen mich erahnen, welche Lebensgeschichte sich da ausdrückte. Und nun sitzt er hier an einem Ort, der für mich wie für viele andere Menschen ziemlich ungewohnt, wenn nicht unbekannt ist: ein Altenheim, heute etwas beschönigend Seniorenheim genannt. Bisher hatte ich mit dieser Welt auch nichts zu tun und kannte sie nur von Erzählungen von Freunden und Bekannten, die dort ihre Angehörigen besuchten. Und dann ist man plötzlich selbst in der Notlage, so eine Entscheidung zu treffen über ein alterndes Familienmitglied, eine Oma. Wie viele Familien kennen nicht die oft wochen- und monatelangen Überlegungen, Diskussionen und Grübeleien zu solchen Schritten? Man schwankt zwischen Schuldgefühlen und Verantwortungsbewusstsein. Darf man einem alten Menschen seine gewohnte und über Jahrzehnte hinweg vertraute Lebensumwelt nehmen und ihn – wie es so oft formuliert wird – in ein Heim „stecken“? Und andererseits, ist es zu verantworten, dass ein alter Mensch einsam in seiner menschenleeren Wohnung geistig und seelisch ohne Ansprache und Anforderung „verkommt“? Ich verstehe beide, die alternden Menschen und die Familienangehörigen, die Entscheidungen treffen müssen. Unsere gesellschaftlichen Verhältnisse bieten kaum noch die Möglichkeiten von Großfamilien, wo Kleinkinder wie Großeltern eingebettet waren in ein soziales Netz zuhause. Es scheitert schon ganz praktisch an den Wohnverhältnissen. So sitzt also nun dieser alte Mann neben mir in der kleinen Kapelle des Altenheimes und ich kann nur erahnen, welche Lebensgeschichte sich zum Beispiel mit diesem abgenutzten Gebetbüchlein verbindet. Wie oft hat er es zur Hand genommen? In welchen Situationen, in welchen Schicksalsmomenten war es wie ein Hilfeschrei, ein Trost- und Halt-Suchen in vertrauten Gebeten. Für wen und um was hat er gebetet und gefleht?

Menschen das Gefühl geben, auch im Alter wertvoll zu sein

Nun begleitet es ihn auch auf diesem letzten Lebensabschnitt und verbindet ihn mit all dem, was in den vergangenen Jahren sein Leben ausgemacht und geprägt hat. Und so sitzen in ihren Rollstühlen vor der ersten Bank alte Frauen mit silbergrauem Haar, teilweise zusammengekauert, aber sorgsam frisiert. Die Hände, die manchmal verkrüppelt und gichtkrank das aufgeschlagene Gesangbuch umklammern. Einige tragen einen zierlichen Schmuck, der ihnen eine solch feine Würde verleiht, die sie nicht an der Pforte des Altenheimes abgegeben haben. Es sind Ehefrauen, Mütter und Großmütter, die in so vielen Jahren Stütze und Herz der Familien waren, ihren Ehemännern den Rücken für Beruf und Karriere frei gehalten und Kinder auf ihren Lebensweg begleitet haben.

Das sind alles Gedanken, die mich begleiten, während ein fast 90-jähriger Priester, selber von Krankheit gezeichnet, würde- und liebevoll den Gottesdienst für diese Schicksalsgemeinschaft feiert. Man muss nicht unbedingt besonders spirituell geprägt sein, um sich von dieser besonderen und ungewohnten Atmosphäre und Situation berühren zu lassen, in der man umgeben ist von Lebensschicksalen und Lebensgeschichten, die man nicht kennt, aber erahnen kann. Meine Achtung gilt vor allem auch den Menschen, die in solchen Heimen ihren Dienst tun und versuchen, den Bewohnern das Gefühl und die Gewissheit zu geben, dass sie auch im Alter wert- und würdevoll sind. Leider werden sie viel zu wenig unterstützt durch Rahmen- und Arbeitsbedingungen, die es ihnen oft zu wenig ermöglichen, auch die Zeit und die Muse zu haben, mit der Intensität und Zugewandtheit sich diesen Menschen zu widmen, wie sie es könnten und gerne tun würden. Es muss nachdenklich machen, wie eine Gesellschaft mit der letzten Phase des Lebens umgeht. Das ist eines der deutlichsten Kriterien und Merkmale für die wirkliche Werthaltung einer Gesellschaft.

> “
> *Man muss nicht unbedingt besonders spirituell geprägt sein, um sich von der besonderen und ungewohnten Atmosphäre und Situation berühren zu lassen, in der man umgeben ist von Lebensschicksalen und Lebensgeschichten, die man nicht kennt, aber erahnen kann.*

47

VERZEIHEN ALS INNERE HEILUNG

Eine großherzige Fähigkeit

47

VERZEIHEN ALS INNERE HEILUNG

Eine großherzige Fähigkeit

So mancher hat oder hatte mit diesem großen Wort wohl schon seine Schwierigkeiten: „Wenn dir einer auf die rechte Wange schlägt, dann halte ihm auch noch die andere hin!“ Wenn vielleicht auch nicht jeder weiß, dass diese Aufforderung von Jesus stammt und im fünften Kapitel des Matthäus-Evangeliums zu finden ist, so dürfte es doch zum allgemeinen Wissen gehören. Es ist nicht der einzige für viele recht provozierend oder auch verstörend wirkende Ausspruch in der bekannten Bergpredigt Jesu.

Ich habe auch keine Ahnung, ob der amerikanische Psychologe und Professor für Pädagogische Psychologie Robert Enright an der Universität von Wisconsin-Madison diese Bibelstelle kennt oder sie zur Grundlage seiner Forschungen gemacht hat. Jedenfalls hat er im Jahr 1994 ein Institut gegründet, das „International Forgiveness Institute“. Er ist damit der Pionierforscher in den Sozialwissenschaften zur Psychologie der Vergebung. Das Time-Magazine bezeichnete ihn als „den Wegbereiter der Vergebung“. Ich glaube auch nicht, dass zu seinem Forschungsprogramm dieses Bibelwort als konkret verstandene Verhaltensanweisung gehört.

Aber mit seiner jahrelangen akribischen Arbeit hat er in sehr vielfältiger Weise und mit ganz unterschiedlichen Teilnehmer- und Bevölkerungsgruppen erstaunliche Erfolge in der Versöhnungsbereitschaft erzielt. Zum Teil waren es Menschen, die aufgrund der schlimmen Taten und Vergehen gegen sie allen Grund hätten, in Traumatisierung, Hass und Pessimismus zu versinken. Sogar Opfern von Missbrauch und Gewalt konnte er Wege zeigen, wie sie zur Versöhnung und Vergebung kommen konnten.

Für sich selbst Heilung und innere Ruhe finden können

Die Grundlagen und Grundannahmen seines Vergebungskonzeptes sind nicht, dass man sich vor allem ausführlich mit dem Täter oder dem, der einen verletzt hat, auseinandersetzt, oder gar nur Verständnis gewinnen muss. Ganz im Gegenteil. Es geht darum, dass die „Opfer“ sich ihrer eigenen Befindlichkeit intensiv zuwenden und vor allem für sich selber Heilung und innere Ruhe finden können. Wer vergeben kann, kann loslassen. Loslassen auch von der Macht, die andere über einen haben, weil man mit so tiefen Gefühlen von Wut, Hass oder Ablehnung verbunden bleibt. Dabei muss nichts beschönigt werden, nicht bagatellisiert oder mit rosaroter Brille betrachtet werden. Schuld bleibt Schuld, Böses bleibt Böses. Aber das bleibt beim anderen.

Was ist tatsächlich vorgefallen und wie wird dieses Ereignis emotional bewertet

Die Psychotherapeutin Doris Wolf arbeitet in ihrer Praxis ganz konkret mit Patienten an dieser Methode zu Vergebung und Versöhnung. Sie übernimmt das Vier-Phasen-Modell nach Robert Enright. Die erste Phase besteht aus einer Analyse der Situation: Was genau ist passiert? Dabei ist entscheidend, das Geschehene möglichst neutral zu beschreiben. Praktisch aus einer gedachten Abstands-Perspektive könnte man trennen zwischen dem, was tatsächlich vorgefallen ist, und dem, wie dieses Ereignis emotional bewertet wird. Also warum wurde die Situation als so schlimm und verletzend empfunden? Wenn man das weiß, geht es an die Gefühle: Was ist da in mir? Wut? Trauer? Hass? Hilflosigkeit? Wie steht es um mein Selbstwertgefühl? So kann man eher Konsequenzen ziehen. Will ich all das in mich hineinfressen? Es geht ja um meinen eigenen inneren Frieden.

So gelingt auch eher der nächste Schritt zu Phase zwei, in der ich mich fragen kann: Was würde ich gewinnen, wenn ich verzeihen würde? Was würde sich in meinen Gefühlen, meinen Gedanken, im Verhalten und Körper verändern? Man entwirft praktisch eine Art Zukunftsvision. Erst in der dritten Phase geht es um die Person, die verletzt hat. Es ist eine Art Motivsuche: Warum hat der oder die das gemacht? Es geht hierbei nicht um Empathie, sondern um Ursachenforschung. Ich muss nur erkennen und nachvollziehen, nicht verstehen. Und schon gar nicht gutheißen. Vielleicht gelingt es so, besser nachvollziehen zu können, wie alles so gekommen ist, welche besondere Situation es war. Im besten Fall können sogar auch gute Erinnerungen einfließen: Wann hat diese Person mich schon einmal unterstützt? Wann habe ich ihr vielleicht schon einmal etwas angetan? So entsteht nach und nach ein Gesamtbild der Situation und der Beteiligten.

Der endgültige Entschluss zur Aussöhnung muss nicht einmal dem anderen mitgeteilt werden. Es geht um die eigene Befreiung. Frei werden von belastenden und energieraubenden Gefühlen. Und frei werden für das, was mir inneren Frieden, Energie und Lebensfreude verschafft. Und es gibt keinen Zeitraum dafür, wann es Zeit ist oder ob eine Verletzung schon so lange zurückliegt.

Auf die Frage, kann man verzeihen üben, antwortet die Psychotherapeutin: „Natürlich!“. Mit jedem Verzeihen fällt es einem ein bisschen leichter, weil jedes Mal das eigene Selbstwertgefühl wächst. Man wird gütiger und besser darin, sich in den anderen hineinzuversetzen. Und man spürt, dass sich die Arbeit lohnt, denn mit jedem Verzeihen geht es einem besser. Mahatma Gandhi hat gesagt: „Der Schwache kann nicht verzeihen. Verzeihen ist eine Eigenschaft des Starken.“

“

Wer vergeben kann, kann loslassen.

48

OMA UND OPA LEIDEN MIT

Oft nicht gesehene
Opfer von Trennungen

48

OMA UND OPA LEIDEN MIT

Oft nicht gesehene Opfer von Trennungen

Statistiken sind eine nüchterne Angelegenheit. Manchmal darf man ja gewisse Zweifel an ihrem Wahrheits- und Aussagegehalt haben. Doch kommt man nicht umhin, sie zu nutzen, um über sie bestimmte Trends zum Beispiel in gesellschaftlichen Entwicklungen und Veränderungen beobachten und analysieren zu können. Die nüchterne statistische Zahlensymbolik mag ja wenig emotionsgeladen sein. Wer aber die Lebenswirklichkeit, die sich hinter diesen Zahlen verbirgt, bewusster wahr- und ernstnimmt, wird meist nicht ganz frei sein können von bestimmten Gefühlen.

Das gilt besonders für eine Statistik, hinter der sich leider viel zu viele schmerzliche Schicksale verbergen. Wenn auch das Deutsche Bundesamt für Statistik in Deutschland etwas euphorisch darauf hinweist, dass die Scheidungsrate von verheirateten Paaren seit Jahren rückläufig ist, dann bleibt doch ein Erschrecken. Fast 150.000 Paare haben sich im Jahr 2018 wieder getrennt. Diese Zahl betrifft 300.000 Menschen, für die teilweise eine Lebenswelt zusammengebrochen ist.

Ein Paar trennt sich, aber betroffen sind mehr als die zwei Personen

Wenn man dazu noch auf eine andere Zahl schaut, dann wird man noch nachdenklicher werden: In all diesen Fällen sind über 120.000 minderjährige Kinder von oft wochen- oder monatelangen Querelen, Streitigkeiten und Unfrieden betroffen. Die Scheidung ist ja meist erst der Endpunkt einer oft lange vorausgehenden Krisenstimmung, von Angst und Unsicherheitsgefühlen bei Kindern. Und was oft nicht bedacht wird, ist, dass in der genannten Statistik entscheidende Zahlen fehlen. Es werden darin nur verheiratete Paare gezählt. Keine Statistik erfasst die wahre Größe und Zahl dieser unglücklichen Menschen, die eben in einer offenen Partnerschaft, nicht selten auch mit Kindern lebten. Aber sind diese deshalb weniger unglücklich?

In einem Workshop auf dem Katholikentag in Regensburg 2014 habe ich noch auf einen weiteren Personenkreis aufmerksam gemacht. Zu wenig wird oft gesehen, wie sehr auch diese von Scheidungen mit betroffen sind, obwohl sie nicht direkt verantwortlich sind. Es geht um die Eltern von Paaren in Trennung. Und damit fast immer um Omas und Opas von Enkelkindern. Das Thema des Workshops hieß daher auch: „Oma und Opa leiden mit“. Denn wie verändert sich auch die Welt dieser älteren Menschen? Ein Partner, ob eigenes Kind oder Schwiegerkind, wird meist sich auch örtlich verändern, vielleicht entfernter wohnen. Wo bleiben die Enkelkinder und welche Chancen haben die Großeltern, den gewohnten Kontakt weiter mit ihnen haben zu dürfen oder zu können.

Und oft wird es noch komplizierter: Etwa, wenn die getrennten Partner wieder neue Partner kennenlernen, die vielleicht weitere eigene Kinder in die neue Beziehung mitbringen. Die provozierende Frage an die teilnehmenden Großeltern war: Was sind nun die „wahren" Enkelkinder, die „wahren" Schwiegerkinder und was sind die anderen? Wo geht die Liebe der Großeltern hin? Der Versuch, diese verzwickte Situation optisch zu verdeutlichen mit Namensschildern aller betroffenen Familienmitglieder als Beziehungsmodell am Boden ausgelegt, machte erst richtig deutlich, vor welchen Herausforderungen auch die alten Menschen stehen. Es war sehr berührend und wehmütig, mit ansehen zu müssen, mit wie viel Trauer, Verzweiflung und Hilflosigkeit die Großeltern-Paare, die zum Teil aus ganz Deutschland stammten, ihre Schicksale schilderten.

All diese Erfahrungen und bewussten Wahrnehmungen sind für mich ein so dringender Appell, alles zu tun, um einerseits Menschen zu helfen, dass sie rechtzeitig alles unternehmen, um in angehenden Krisen sich Hilfe und Rat zu holen. Leider zeigt die Erfahrung in den Beratungs- und Psychotherapiepraxen, dass die meisten, wenn überhaupt, oft zu spät erkennen, wie weit es in ihrer Beziehung schon auseinandergegangen ist. Oft sitzen gerade völlig verzweifelte Männer vor der Beraterin oder dem Paartherapeuten. Sie haben praktisch die letzte Notbremse versucht und endlich den jahrelang bittend ausgesprochenen Wunsch der Partnerin ernst genommen: „Bitte, lass uns Hilfe in einer Beratung oder Paartherapie holen!" Die Erkenntnis: Es ist meist zu spät. Der Glaube des anderen Partners ist nicht mehr da.

Beratung kann eine einfühlsame und stützende Begleitung für beide sein

Aber selbst wenn für einen der beiden Partner die Trennung unausweichlich und innerlich bereits vollzogen ist, ist eine professionelle Hilfe nicht sinnlos. Im Gegenteil: Gerade wenn es darum geht, in einer Phase der Beziehung, in der zumindest für einen davon die Trennung eine unglaubliche Katastrophe und Verzweiflung bedeutet, kann eine einfühlsame und stützende Begleitung für beide, aber auch in Einzelgesprächen für den leidenden Partner hilfreich sein. In welcher Weise Partner solche schweren Lebenskrisen so durch- und überstehen können, dass all die genannten betroffenen Personen, Kinder und Großeltern mit Würde und Anstand aus dieser Krise hervorgehen, wird wohl Anlass zu weiteren Sonntagsgedanken sein.

Selbst wenn für einen der beiden Partner die Trennung unausweichlich und innerlich bereits vollzogen ist, ist eine professionelle Hilfe nicht sinnlos.

49

HEILSAME WORTE

Unsere Heilerqualitäten

49

HEILSAME WORTE

Unsere Heilerqualitäten

Worte zerstören, wo sie nicht hingehören…" sang einst mit ihrem unnachahmlichen Timbre die Chansonsängerin Daliah Lavi. Und „Meine Art Liebe zu zeigen, das ist ganz einfach Schweigen." Aus Liebe zu schweigen, kann eine Form der Achtsamkeit sein, die weiß um die Bedeutung von Worten, um ihre vernichtende und entmutigende Kraft, aber auch um ihre Heilsamkeit und ihr Heilungspotential. Wer von uns hat nicht in seinem Inneren Spuren, die Worte in ihm hinterlassen haben, auch noch nach vielen Jahren. Vielleicht so manche Spur, die immer noch oder immer wieder brennt und schmerzt. Unbedachte oder sogar bewusst verletzende Bemerkungen von Menschen, die einem wichtig waren. Von Eltern, Erziehern oder Lehrern. Von Menschen, denen man so viel Vertrauen geschenkt hat. Und deren Worte und Meinungen so wichtig für uns waren.

Ermutigung und Bestätigung: Da glaubt jemand an mich

Da hat mir jemand etwas zugetraut, etwas Gutes vorhergesagt, das ich wider eigene Erwartung tatsächlich geschafft habe. Und immer wieder taucht diese Ermutigung auf, diese Bestätigung, dass ich mir selber etwas zutrauen darf, weil da jemand an mich geglaubt hat und glaubt. Wir wissen es alle, wie gut es sich anfühlt, gelobt, bestätigt zu werden. Warum machen wir es eigentlich selber so selten? Eigenartiger Weise versickert und verkümmert oft gerade in den Beziehungen, die uns am nächsten und wichtigsten sind, diese Bereitschaft und Selbstverständlichkeit zu Lob und wertschätzenden Äußerungen. In Familie, zwischen Eltern und Kindern und Partnern. Dass positive, bestärkende und ermutigende Worte mit einer unwahrscheinlichen Macht auch Heilungskräfte in Leib und Seele erwecken können, hat in seinem faszinierenden Buch „Die verlorene Kunst des Heilens" einer der profiliertesten Herzspezialisten Amerikas, Bernhard Lown, dargelegt. Er bringt Beispiele von Heilungen, die nach medizinischen Gesichtspunkten nicht erklärbar waren, bei denen aber ein so bestärkendes ärztliches Wort, eine Vertrauenskraft wider alle medizinische Vernunft des Arztes die eigentliche Wende brachte. Leider auch im umgekehrten Sinne. Wie schädlich, im wahrsten Sinne des Wortes gesundheitsschädlich eine pessimistische, oft sogar äußerst unbedachte Äußerung eines Arztes sein kann. Wie man Menschen antwortet, die mit großer Skepsis solchen Gedanken und Überzeugungen von der Bedeutung menschlicher Worte und Äußerungen gegenüberstehen, lässt sich aus einer kleinen Geschichte entnehmen.

Sie erzählt von einem Sufi, der ein krankes Kind heilte. Er wiederholte einige Worte, dann gab er das Kind seinen Eltern und sagte: „Nun wird es gesund werden.“ Jemand, der dies nicht glauben wollte, warf ein: „Wie kann das möglich sein, dass irgendjemand durch ein paar wiederholte Worte geheilt werden kann?“ Von einem sanften Sufi erwartet niemand eine zornige Antwort, doch jetzt drehte er sich zu dem Mann um und entgegnete: „Du verstehst nichts davon. Du bist ein Narr!“ Der Mann fühlte sich sehr beleidigt. Sein Gesicht rötete sich, er wurde wütend. Der Sufi sagte nun: „Wenn ein Wort die Kraft hat, dich wütend zu machen, warum sollte dann ein Wort nicht auch die Kraft haben zu heilen?“ Genau genommen sind es eigentlich ja nicht so sehr die Worte, die eine solche Kraft hervorbringen können. Es ist vor allem das, was hinter den Worten steht. Es ist die Aufrichtigkeit, der tiefe Glauben und die liebende Überzeugung des Menschen, der mir diese bestärkenden und mut-machenden Worte zuspricht.

Mutterliebe ist ein besonderes Geschenk

Ich habe gerade in diesen Tagen zufällig eine Geschichte gefunden, die mich ungemein berührt hat. Ich kann ihren Wahrheitsgehalt nicht überprüfen, aber ich glaube daran, dass es so etwas gibt wie eine Mutterliebe und ein Muttervertrauen, wie es in dieser berührenden Geschichte zum Ausdruck kommt.

Eines Tages kam Thomas Edison von der Schule nach Hause und gab seiner Mutter einen Brief. Er sagte ihr: „Mein Lehrer hat mir diesen Brief gegeben und sagte mir, ich sollte ihn nur meiner Mutter zu lesen geben.“ Die Mutter hatte die Augen voller Tränen, als sie dem Kinde laut vorlas: „Ihr Sohn ist ein Genie. Die Schule ist zu klein für ihn und hat keine Lehrer, die gut genug sind, ihn zu unterrichten. Bitte unterrichten Sie ihn selbst.“

Viele Jahre nach dem Tod der Mutter, Edison war inzwischen einer der größten Erfinder des Jahrhunderts, durchsuchte er eines Tages alte Familiensachen. Plötzlich stieß er in einer Schreibtischschublade auf ein zusammengefaltetes Blatt Papier. Er nahm es und öffnete es. Auf dem Blatt stand geschrieben: „Ihr Sohn ist geistig behindert. Wir wollen ihn nicht mehr in unserer Schule haben.“ Edison weinte stundenlang. Dann schrieb er in sein Tagebuch: „Thomas Alva Edison war ein geistig behindertes Kind. Durch eine heldenhafte Mutter wurde er zum größten Genie des Jahrhunderts.“

“

Aus Liebe zu schweigen, kann eine Form der Achtsamkeit sein, die weiß um die Bedeutung von Worten, um ihre vernichtende und entmutigende Kraft, aber auch um ihre Heilsamkeit und ihr Heilungspotential.

50

DIE EWIGE HERBERGSSUCHE

Ein – nicht nur – weihnachtliches Thema

50

DIE EWIGE HERBERGSSUCHE

Ein – nicht nur – weihnachtliches Thema

„Wer klopfet an?" Kaum ein kindgemäßes weihnachtliches Spiel, ob in den Kindertagesstätten oder in den Kindermetten der Kirchen am Heiligen Abend, kommt an dieser Eingangsfrage und dem nachfolgenden Krippenspiel über die vergebliche Suche des Heiligen Paares nach einer nächtlichen Bleibe herum. In allen Variationen wurde diese Weihnachtsgeschichte aus dem Lukas-Evangelium in Bildern, Krippendarstellungen, Liedern und Spielen mehr oder weniger dramatisch oder gefühlvoll dargestellt und ausgebreitet. Dabei ist der historische Wahrheitsgehalt dieser Herbergssuche überhaupt nicht nachweisbar. Was aber in keiner Weise der Tatsache Abbruch tut, dass das, was über diese Geschichte an Aussage transportiert wird, leider nur eine allzu historische Wahrheit ist.

Es geht um das Wesen des Menschen schlechthin

Ob in dem berührenden Stück von Wolfgang Borchert „Draußen vor der Tür", oder bedrückend aktuell in der Flüchtlingsproblematik unserer Tage, die Tatsache, dass Menschen verzweifelt vor verschlossenen Türen stehen, hat eine historische Realität, die niemand leugnen kann. Und der Gedanke ist gar nicht so abwegig, dass zum Beispiel Eltern mit rührseligen Gefühlen dem kindlichen Auftritt der Tochter oder des Sohnes beim weihnachtlichen Krippenspiel der Herbergssuche zusehen, während sie kurz zuvor mit wenig Gefühl Wohnungssuchenden die ausgeschriebene und erwünschte Wohnung nicht geben wollten. Wenn eben jemand die horrenden Mietgebühren nicht überzeugend zuverlässig garantieren kann? Warum sollte man auch anders als all die anderen zu Ermäßigungen bereit sein? Ich bin überzeugt, viele Geschichten und Erzählungen sind nicht nur zur Erbauung und zum Zeitvertreib so lebendig in der Volksseele verankert und werden über die Jahrhunderte hinweg weitergereicht. Sie wollen Botschaften überbringen, die Grundsätzliches und Wesentliches über das Leben und die Menschen aussagen. Und das ist meist nicht an bestimmte Zeiten oder Jahre gebunden. Es geht um das Wesen des Menschen schlechthin, um Eigenschaften und Verhaltensweisen, die tief in seinem Wesen verankert sind. Sie wollen einen Spiegel vorhalten. Man muss nicht gleich mit der moralischen Drohkeule kommen und die Gewissensfrage stellen, wer von uns denn bereit wäre, Flüchtlingen oder Asylanten ein Dach über dem Kopf anzubieten. Obwohl diese Frage für manche schon aktuell sein kann. Warum sind wir oft so zögerlich, anderen die Türen zu öffnen? „My home is my castle", der Spruch enthält schon einen wichtigen Wegweiser zum weiteren Verständnis. Wir brauchen Räume, die etwas mit Individualität, mit Intimität, mit Schutzbedürfnis und Sicherheit zu tun haben. Die uns eine Art Rückzugs-Burg gewähren. Und die im wörtlichen Sinne für uns „exklusiv" sind, das heißt, etwas ausschließen. Eben andere, die nicht zum intimen Bewohnerkreis gehören. Andererseits: Wie kann sich eine Wohnung, ein Haus mit Leben und Lebendigkeit füllen, wenn Gäste, Freunde, liebe Bekannte eingeladen werden. Vor allem bei Menschen in aktueller Trennungsphase, wenn ein Partner die gemeinsame Wohnung verlassen muss und sich nun alleine in einem neuen Zuhause zurechtfinden muss, empfehle ich solche Einladungen. Damit sich der zunächst einsame Raum mit Erlebnissen, gemeinsamem Lachen und Gespräch füllt und belebt. Und wie sehr wünscht sich auch so mancher, aus seiner stillen, einsamen Behausung gerufen und eingeladen zu werden.

Gerade die Weihnachtstage sind für nicht wenige Menschen eine schwierige Zeit, in der sie wirklich das Gefühl haben, überall sind verschlossene Türen. Hinter denen spielt sich in ihrer Phantasie das ab, was sie vermissen. Und wer getraut sich schon, seine Sehnsucht nach einer freundlichen Einladung offen auszusprechen? Besonders schmerzlich, wenn innerhalb von Familiengemeinschaften solche verschlossenen Türen sind. Ludwig Thoma hat in seiner wunderbaren Geschichte „Heilige Nacht" unnachahmlich diese harte Ablehnung unter Verwandten geschildert. Ein mögliches eigenes Besinnen, wo vielleicht im eigenen Umfeld, im eigenen Bekannten-, Freundes- oder Familienkreis es an der Zeit wäre, solche Türen für jemanden zu öffnen, möchte man am liebsten mit dem Zusatz versehen: „und das nicht nur zur Weihnachtszeit!"

Ein Besuch bei sich selbst – gar nicht so einfach

Dass dieses „Türen-öffnen" interessanterweise nicht nur mit anderen, sondern mit einem selbst zu tun haben könnte, auf das wird in teilweise humoriger, teilweise recht sinniger Art hingewiesen. Der begnadete Komiker Karl Valentin hat es in seiner hintergründig tiefsinnigen Art ausgedrückt: „Heute mach' ich mir eine Freude und besuche mich selber. Hoffentlich bin ich daheim!" So selbstverständlich ist es wahrlich nicht, dass man sich selber daheim findet, jedenfalls nicht zu jeder Zeit und in jeder Stimmung. Und dass dieses Sich-selber-besuchen, Sich-selber-finden und seine eigenen Türen zu öffnen zum Teil auch gar nicht gewünscht wird, wird in einer netten Geschichte gezeigt: „Der Schüler fragte den Meister: ‚Wo finde ich das Glück?' Der Meister antwortete: ‚Geh' in dich!' Darauf der Schüler: ‚Das ist mir zu weit!'"

Also dann möge jeder sich Gedanken machen, welcher Weg nicht zu weit ist, nicht nur an Weihnachten.

> *Viele langjährige Geschichten und Erzählungen wollen Botschaften überbringen, die Grundsätzliches und Wesentliches über das Leben und die Menschen aussagen.*

51

MEHR LICHT?

Der Wandel von Ritualen

51

MEHR LICHT?

Der Wandel von Ritualen

Mehr Licht!" – das waren angeblich die allerletzten Worte des aus dem Leben scheidenden Dichterfürsten Johann Wolfgang von Goethe. Ob er diese Worte heute noch einmal als Appell so wiederholen würde, angesichts einer Lichtinflation an angeblich weihnachtlicher Dekoration in unseren öffentlichen Räumen, wage ich zu bezweifeln.

Und wahrlich, mehr Licht brauchen wir wirklich nicht mehr, um unsere Straßen und Häuser als weihnachtliche Wegbegleiter zur Wirkung zu bringen. Was einmal als stille und schlichte Lichtsymbolik gedacht war, scheint zunehmend aus dem Ufer zugeraten. Wo Rituale den Boden verlieren, aus dem sie eigentlich wurzeln, werden Symbole und Zeichen oft zu oberflächlichen Handlungen und inhaltsleeren Verhaltensweisen. Die Adventszeit gilt in christlichen Kreisen als Vorbereitung auf das Weihnachtsfest, die Feier der Geburt Christi. Für gläubige Christen bedeutet das im wahrsten Sinne des Wortes: Es kommt Licht in die Welt, es kommt die bestärkende Hoffnung in die dunkle Welt, aus ihr letztendlich herauszufinden.

Der Mensch ist nicht für die Dunkelheit geboren

Für unsere Vorfahren war es nur verständlich, dass sie diese Erfahrungen und Sehnsüchte auch in Ritualen und Symbolen wirklich sinnenhaft ausdrücken wollten. Das natürliche Dunkel dieser winterlichen Jahreszeit war für sie ausdrucksstark genug, um diese Sehnsucht nach Licht ganz selbstverständlich in sich zu spüren. Der Mensch ist nicht für die Dunkelheit geboren und besitzt auch nicht wie manche Kreatur die dafür erforderlichen Fähigkeiten und Voraussetzungen, um sich darin problemlos und vertraut zu bewegen. Daher ist ihm nichts lieber, als möglichst bald aus dem für ihn unangenehmen bis bedrohlichen Zustand herauszufinden.

Für wen eben nicht so leicht und in Fülle Material für Beleuchtung zu haben war, wie unseren Vorfahren, dem blieb nichts anderes übrig, als sich in sein Schicksal zu fügen und die Zeit der Dunkelheit durchzustehen. Umso wertvoller und bereichernder waren für sie eben die kleinen Lichter oder Kerzen, die ein wenig die Finsternis erhellen und eine Ahnung vermitteln konnten von dem großen Licht, auf das sie warteten und hofften.

Diese Fähigkeit, Dinge als nun einmal unvermeidlich hinzunehmen und sich damit abzufinden, benötigen wir modernen Menschen immer weniger. Wir können uns fast alles und zu jeder Zeit leisten und ermöglichen. Wer unbedingt im Sommer skifahren möchte, wer in denWintermonaten Erdbeeren genießen oder einfach statt Kälte pure Sonnentage erleben möchte, dem ist alles möglich. Wir müssen Dunkelheit nicht ertragen oder durchstehen.Wir können die Nacht zum Tag machen, wenn uns danach ist. Nicht umsonst spricht man heute zu Recht von der Gefahr der globalen Lichtverschmutzung.

Keine zart leuchtenden Lichterketten, sondern Fassaden-Lichter-Orgien

Damit einher geht eine weitere Entwicklung und Veränderung. Wir sind auch in der Gefahr, das rechte Maß zu verlieren, in die Maßlosigkeit abzurutschen. Am Beispiel der unwahrscheinlichen Lichtgestaltungen in Privathäusern und öffentlichen Räumen lässt sich dieses fehlende Empfinden für symbolische und maßvolle Illuminierung nur zu deutlich beobachten. Nicht einzelne zart leuchtende Lichterketten in den Fenstern, sondern ganze Fassaden-Lichter-Orgien, blinkende Rentiergespanne samt Kutschen und Nikoläusen, strahlende Balkon- oder Dach-erkletternde Weihnachtsmänner, es gibt nichts, was man nicht noch mehr erhellen könnte.

Immer wieder wird von der Adventszeit gesprochen von einer Zeit, in der man wieder mehr zur Besinnung und zur Stille finden sollte. Nicht nur Karl Valentin hat mit seinem oft zitierten Spruch die Absurdität dieser Wunschvorstellung deutlich gemacht: „Wenn die stade Zeit vorüber ist, dann kann es wieder etwas ruhiger werden!“ Die grundsätzliche Aufforderung zum Innehalten gilt trotzdem, auch in anderer Weise. Wir brauchen immer wieder Zeiten, in denen wir wach gerüttelt werden. Wie leben wir eigentlich? Was bestimmt unser Leben täglich und besonders prägend? Auch was unsere Fähigkeit anbelangt, mit dunklen Zeiten und Wegstrecken umzugehen. Sowohl innerlich wie auch im ganz konkreten Umgang mit der Gestaltung unserer Umwelt.

An den kleinen Kindern können wir dazu etwas lernen. Mit welcher Intensität und Aufmerksamkeit schauen sie auf eine einzelne Kerzenflamme, auf diese Veränderung der Stimmung, wenn aus dem Dunkel im Zimmer plötzlich etwas auftaucht, was die ganze Aufmerksamkeit auf sich zieht. An ihnen erleben wir ein ganz natürliches Gefühl für das Schlichte, das Maßvolle und Angemessene. Vielleicht findet jeder auch für sich so einen Moment der stillen Betrachtung und Achtsamkeit.

“

Die Fähigkeit, Dinge als nun einmal unvermeidlich hinzunehmen und sich damit abzufinden, benötigen wir modernen Menschen immer weniger. Wir können uns fast alles und zu jeder Zeit leisten und ermöglichen.

52

WENDEPUNKTE

Entscheidende Wegstationen

52

WENDEPUNKTE

Entscheidende Wegstationen

Meist sucht man sie sich nicht freiwillig aus. Sie widerfahren einem zuweilen ganz unerwartet und ungewollt: die Wendepunkte im Leben. Es sind die Situationen in unserem Dasein, bei denen man oft erst im Nachhinein erstaunt und nachdenklich erkennen kann, dass sie dem eigenen Lebensweg eine entscheidende Wende, oft sogar eine völlig neue Orientierung gegeben haben.

Die Erkenntnis ist nicht neu. Dass das, was uns am meisten für das Leben stark gemacht, nicht immer aus freiwilligen Stücken geschehen ist. Vieles, gerade in unserem Heranwachsen als Kinder und Jugendliche, mussten wir zum Überleben erlernen. Ob wir wollten oder nicht. Zum Beispiel Situationen, in denen wir gescheitert sind, in denen wir nicht bekommen haben an Zuwendung und Unterstützung und Hilfe, was wir so nötig gebraucht hätten. In denen wir mit Unvollkommenheit und Enttäuschung zurechtkommen mussten. Aber das Leben lässt uns keine Wahl. Wir müssen das Überleben lernen.

Jeder hat die Chance zu Richtungswechseln

Und es ist erstaunlich, welches Potential uns im Leben mitgegeben ist. Leider gehen manche aus diesem Lebenskampf nicht immer mit Optimismus und innerer Größe hervor. So manchen hat es hart gemacht, verbittert und misstrauisch. Schade, wenn so eine Chance zum Wachsen in die falsche Richtung führt. Aber jeder Mensch hat zu jeder Zeit auch die Möglichkeit, Richtungswechsel vorzunehmen. Man spricht von solchen Lebensmomenten von dem „Kairos", dem Augenblick, dem Zeitpunkt, in dem ganz spontan und mutig eine Gelegenheit am Schopfe gepackt wird. An dem Entscheidungen getroffen werden, die dem Leben eine neue Richtung geben werden. Der Jahreswechsel wird oft als so eine Chance, so einen „Kairos-Moment" gesehen. Ja, ich weiß, wer kennt nicht den Spruch: „Der Weg zur Hölle ist mit guten Vorsätzen gepflastert!" Wer aber gleich mit so einem Vorurteil an die neue Jahresplanung herangeht, hat die besten Chancen, dass daraus nichts Brauchbares wird. Wendepunkte müssen uns nicht nur widerfahren, wir können sie auch selber kreieren und gestalten. Wie oft werden nicht kraftvolle Momente um den Jahreswechsel vertan, weil man zu viel und zu unbedacht diesen Jahresübergang mit oft sinnlosen Äußerlichkeiten wie Krach, Lärm und Feuerwerken verbringt. Natürlich haben diese auch ihren Hintergrund und ihre Geschichte, ich weiß. Aber wie notwendig und wertvoll wäre es nicht manchmal, den Silvesterabend und die Vorbereitung darauf damit zu verbringen, ausführlicher als sonst eine Standortbestimmung vorzunehmen. Wo stehe ich am Ende dieses Jahres in meinem Leben? Wo mit meiner Familie? Wo mit meiner Partnerschaft? Wo mit meinem beruflichen Weg? Wie einverstanden bin ich mit allem und wo nicht? Was würde ich gerne ändern? Was vertiefen? Wem mehr Zeit schenken?

Dazu braucht man eher Ruhe und Stille. Und vielleicht liebe Menschen, die mit Wohlwollen und Zuversicht sich gegenseitig helfen zum Nachdenken. Wir hatten des Öfteren im Kreise von Freunden und Familienmitgliedern ein nettes, und oft auch humorvolles Ritual zum Jahreswechsel. Alle hatten auf Zettel ihre Wünsche und Vorsätze für das Neue Jahr aufgeschrieben. Diese Papiere wurden bis zum nächsten Silvesterabend aufgehoben und dann wieder hergeholt. Es war amüsant, auch nachdenkenswert und lehrreich, wenn man erkennen konnte, was bis zum Ende dieses Jahres wirklich umgesetzt wurde und was fromme Wünsche geblieben sind. Terminkalender, Tagebuchaufzeichnungen, Fotos und Zeitungsberichte können so eine Rückschau sehr beleben und bereichern. Schön, wenn solche Rückschau nicht moralisierend, sondern mit Humor und Gelassenheit gelingt. Und trotz allem den Mut zu haben, wieder neu mit Wünschen und Plänen in das Neue Jahr zu starten. Es zählt nicht nur, was du erreicht hast, sondern vor allem, was du gewagt hast. Mutig an etwas heranzugehen, ist schon der erste Gewinn! Das versuche ich immer wieder vor allem Menschen nahe zu bringen, die unter zu großen Ängsten und Unsicherheiten leiden. Sie dürfen ihre Erfolge nicht nur an den Ergebnissen messen, sondern an dem Mut, sich trotz Ängsten den Herausforderungen zu stellen.

Platons Theorie: Lehrt sie das Staunen

Eine kleine Inspiration können vielleicht auch die Gedanken und Impulse des griechischen Philosophen Platon sein: „Das beste und sicherste Mittel, wodurch sich ein Mensch wesensmäßig verwandeln kann, ist das Staunen… Womit einer staunend umzugehen pflegt, das bringt er notgedrungen in seinem Leben zur Darstellung.“ Er zeigt damit eine eigenartige und außergewöhnliche, aber hochinteressante Theorie von Erziehung. Er sagt, dass Kinder und Jugendliche, überhaupt die Menschen, nicht dadurch erzogen werden, dass man ihnen Wissen eintrichtert, und nicht dadurch, dass man sie in bestimmten Verhaltensweisen trainiert. Nein, sie werden dadurch erzogen, dass man sie das Staunen lehrt.

In diesem Sinne wünsche ich ein Neues Jahr voller staunenswerter Momente.

“

An eine Rückschau sollte man nicht zu moralisch herangehen. Besser sind Humor und Gelassenheit und ein bisschen liebevolles und nachsichtiges Verständnis für unsere menschlichen Schwächen und Marotten.

DIE LÖSUNG DES RÄTSELS

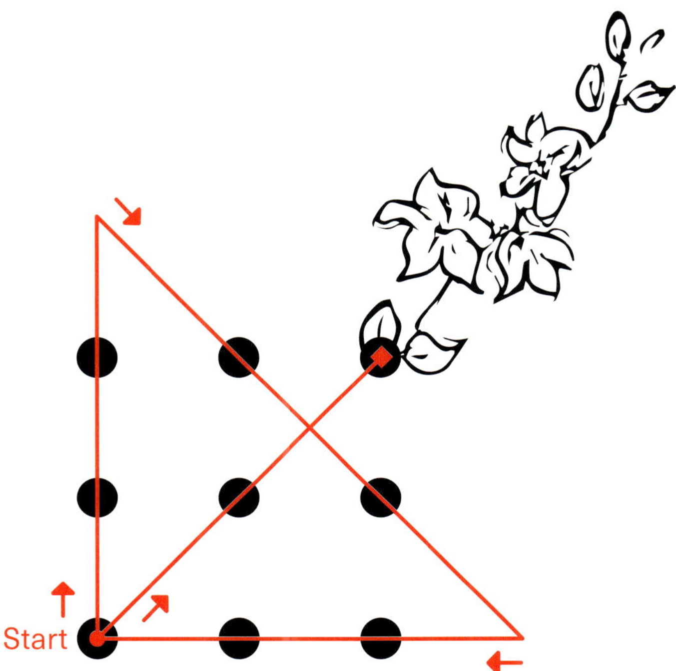

Die Aufgabe ist nur zu lösen, wenn man die unbewusst gedachte Begrenzung überschreitet. Unsere optische Wahrnehmung nimmt unwillkürlich an, dass die neun Punkte ein Quadrat bilden und damit eingegrenzt sind. Nur wer den Mut hat, diese gedachten Grenzen zu überschreiten, kann zu einer Lösung kommen.

In den Geschichten der Sonntags-Gedanken geht es immer wieder auch um diese Aufgabe und Herausforderung. In vielen Bereichen unseres Lebens finden wir erst Lösungen oder gar Heilung, wenn wir Grenzen überschreiten. Ob in Familie oder Partnerschaft, in sozialen Beziehungen, Freundschaft oder Beruf. Es geht um Begrenzungen durch eingefahrene Muster im Denken und Verhalten, Angst vor Risiko, um vermeintliche Tabus oder die Abhängigkeit von der Meinung anderer. In diesem Sinne wünsche ich Mut und Experimentierfreude, auch im Leben.

IMPRESSUM

Autor & Herausgeber:
Sebastian Sonntag

Gestaltung:
Manfred Wilhelm, Leonie Wilhelm
Büro Wilhelm. Designagentur

Verlag:
Büro Wilhelm Verlag
Koch, Schmidt-Schönenberg, Wilhelm GbR
Lederergasse 5–7, 92224 Amberg
verlag@buero-wilhelm.de
www.buero-wilhelm-verlag.de

Schriften:
Neue Haas Grotesk
Sabon Roman

Druck und Bindung:
Frischman Druck & Medien, Amberg

ISBN: 978-3-948137-60-1
Preis: 24,90€

Fotos:
Portraitfoto S. Sonntag: Manfred Wilhelm
Alle anderen Bilder Adobe Stock: Jenny Sturm, by paul, Alexey Stiop, Jürgen Hamann, peshkova, olly, Kzenon, Johanna Mühlbauer, fizkes, hemminetti, altanaka, Sunny studio, NDABCREATIVITY, Soonthorn, Creaturart, pressmaster, ty, timoff, Peter Atkins, sakepaint, stokkete, Lumppini, mk-perspective, vencav, kuzmichstudio, mtaira, malven, Alexmar, hd3dsh, Jürgen Fälchle, Friedberg, Jonathan, Love You Stock, M-Production, Robert Kneschke, Friedberg, Nick Dale, Adrian Hillman, hakase420, Andreas Berheide, tomertu, Mickis Fotowelt, eyetronic, luckybusiness, Rawpixel.com, Eberhard Räder, shorty_k, sek_gt, pressmaster, releon8211, DRasa, abasler

Die Deutsche Bibliothek - CIP-Einheitsaufnahme
Ein Titeldatensatz für die Publikation ist bei der Deutschen Bibliothek erhältlich.

VITA

Sebastian Sonntag

Der Autor, Sebastian Sonntag, Jahrgang 1948, Diplom-Theologe und Diplom-Psychologe, schöpft aus seiner jahrzehntelangen Erfahrung als Schulpsychologe, Paar- und Familientherapeut sowie praktizierender Psychotherapeut in eigener Praxis in Amberg. Die Begegnungen mit Menschen in psychischen Krisen, mit Trauernden und vom Schicksal geschlagenen Menschen haben viele der Sonntags-Gedanken geprägt. Sie wollen auch vielen anderen Mut und Zuversicht schenken.